VOLUMEN II

LAS APORTACIONES DE PÁVLOV: OBJETO DE RABIA Y ENVIDIA

Vol. II: **LAS APORTACIONES DE PÁVLOV: OBJETO DE RABIA Y ENVIDIA**

AMAZON, 2022.

Edición: Lic. Ma. de Lourdes Carreón Miranda
Imagen de cubierta y contraportada: Arq. y Pintor Guillermo Puente Lomelín
Colección IVÁN P. PÁVLOV: Aportaciones a la Psicología
México

VOLUMEN II
LAS APORTACIONES DE PÁVLOV: OBJETO DE RABIA Y ENVIDIA

I. Contenido de la actividad nerviosa superior (ANS).

Nada puede detener a un corazón audaz y una voluntad decidida.

Shelly M.W.

Todos tienen el logos pero sólo los despiertos lo saben.

Aristóteles

1. Fundamentación de la existencia y base del fenómeno psíquico: el reflejo condicional y su importancia.

"Citemos dos experiencias que cualquiera puede hacer. En la primera, vertamos en la boca de un perro una solución débil de cualquier ácido; normalmente provoca una reacción defensiva: el líquido es rechazado con bruscos movimientos de cabeza, la saliva se derrama abundantemente en la boca y, en seguida, al exterior, diluyendo el ácido y limpiando la mucosa. La segunda, consiste en someter al perro a la acción repetida de un agente externo cualquiera –de un sonido, por ejemplo–, inmediatamente antes de introducirle el ácido en la boca. ¿Qué observaremos? Bastará solamente con repetir este sonido para que se produzca la misma reacción: idénticos movimientos de boca, igual secreción de saliva.

Los dos hechos son igualmente exactos y constantes y deben ser designados con el mismo término fisiológico: *reflejo*. Ambos desaparecen si se seccionan bien los nervios motores de la musculatura bucal y los nervios secretores de las glándulas salivares, es decir, las vías aferentes. Ya sea las aferentes que parten de la mucosa bucal o del oído, o si se destruye el centro de transmisión del impulso nervioso, es decir, del proceso dinámico de excitación nerviosa, de los nervios aferentes a los nervios eferentes. En la primera experiencia, para el primer reflejo, este centro será la médula oblongada; en la segunda, el centro estará en los hemisferios cerebrales.

Ante tales hechos, el pensamiento más exigente no encontrará nada que objetar a esta conclusión fisiológica. Sin embargo, la diferencia entre ambos reflejos es ya muy precisa. Ante todo, tal y como acabamos de ver, sus centros son distintos. Por otro lado, como la organización misma de nuestros experimentos demuestra, el primer reflejo ha sido producido sin preparación previa, sin condición alguna; el segundo se ha logrado con un procedimiento especial.

En el primer experimento, el paso de la corriente nerviosa de las vías aferentes a las eferentes se hacía directamente (simple conducción). En cambio, en el segundo, se necesita una preparación previa para formar una vía para el paso de la corriente, concepto conocido en fisiología desde hace mucho tiempo con el nombre de *Bahnun* –facilitación–. Así pues, en el sistema nervioso central existen dos mecanismos distintos: el de la conducción directa de la corriente nerviosa, y el de su cierre y apertura. En nuestro cuerpo, el sistema nervioso es el instrumento más completo para relacionar y conectar las partes del organismo entre sí, al mismo tiempo que relaciona todo el organismo, como sistema complejo, con las innumerables influencias externas. Si el cierre y apertura de la corriente eléctrica es hoy de aplicación técnica usual, ¿cómo podríamos oponernos a la admisión del mismo principio en este admirable instrumento orgánico?

Apoyándonos en lo que acabamos de enunciar, es *lícito llamar reflejo incondicional, a la conexión permanente entre el agente externo con la actividad del organismo determinada por éste, y reflejo condicional, a la conexión temporal*" (Pávlov, 1976c, pp.25-26).

"El reflejo condicional ha llegado a ser el fenómeno central de la fisiología. Con su ayuda puede estudiarse, de manera cada vez más completa y precisa, la actividad normal y patológica de los hemisferios cerebrales" (Pávlov, 1976c, p.29).

"La importancia fisiológica capital de dicho vínculo –del reflejo condicionado–, consiste en lo siguiente: en los animales superiores, como es el caso del perro, las importantes y muy complejas relaciones del organismo con el medio, para la conservación del individuo y de la especie, dependen, ante todo, de la actividad de las regiones subcorticales más próximas a los hemisferios, como quedó demostrado hace ya tiempo con el experimento de Holtz, que consistió en la ablación de los grandes hemisferios del perro. Dichas actividades son: la búsqueda del alimento, el alejamiento de lo perjudicial, la defensiva, etc. Habitualmente se las denomina *instintos, tendencias, emociones*, y nosotros las designamos con el término fisiológico de *reflejos condicionados*" (Pávlov, 1955g, pp.232-233).

"Cuando se elaboran los *reflejos condicionados* ante los diversos agentes exteriores –tomemos, como ejemplo, la reacción condicionada alimenticia–, la primera respuesta al estímulo condicionado que se está formando es, habitualmente, un movimiento hacia ese estímulo, es decir: el animal se vuelve hacia el lugar donde se encuentra dicho estímulo y si este se encuentra a su alcance, trata de entrar en contacto con él, especialmente por la boca, por ejemplo, si el *estímulo condicionado* lo constituye el encendido de una lámpara, el perro la lame; si es un sonido –en el caso de una excitabilidad muy intensa–, trata incluso de apresar el aire con la boca. De esta manera, el *estímulo condicionado* se presenta al animal como un sustituto completo del alimento" (Pávlov, 1955d, p.283).

2. Sistemas de señales.

"En las condiciones de vida corriente, el comercio y la correlación más precisa y especializada entre el animal y los agentes que le rodean solo puede ser establecida por medio de la función o actividad de los hemisferios cerebrales y que denominamos *actividad o función señal*. Mediante esta, un gran número de estímulos, de todas clases, actúan como señales temporales e intercambiables para el número comparativamente menor de agentes de carácter general que determinan los reflejos innatos" (Pávlov, 1929, p.18).

De acuerdo con Pávlov (1929, pp.23-26), "la naturaleza del mecanismo de acción del estímulo señal, desde un punto de vista puramente fisiológico... tiene el carácter de un acto reflejo.... Teniendo en cuenta lo expuesto, se puede afirmar que la naturaleza de la llamada actividad señal y los reflejos es la misma. Aunque la diferencia estriba no en el carácter de la respuesta, sino solamente en el modo de formación del mecanismo reflejo. En el reflejo innato, la vía nerviosa está completa y previamente establecida, mientras que en el caso del reflejo señal, la vía tiene que ser establecida y completada por los hemisferios cerebrales... Yo, escribió Pávlov, he llamado a estos *reflejos condicionados* para distinguirlos de los otros reflejos no condicionados o absolutos".

2.1.   Primer sistema de señales: los estímulos.

"En el animal la realidad es señalada casi exclusivamente por excitaciones, y sus huellas en los hemisferios cerebrales [o su equivalente] son conducidas directamente a las células especiales de los receptores visuales, auditivos y otros del organismo. Es lo que en nuestro lenguaje subjetivo corresponde a las impresiones, a las sensaciones y las representaciones del mundo circundante, ambiente natural o social, excepto la palabra leída u oída. Es el primer sistema de señales de la realidad que nos es común con los animales" (Pávlov, 1976c, p.40).

"El primer sistema de señales de la realidad, es común al hombre y a los animales...y está constituido por estímulos que señalan la realidad y que llegan directamente a las células visuales, auditivas y de otros receptores del organismo, y por las huellas de éstos en los grandes hemisferios. Es lo que llevamos como impresiones, sensaciones e imágenes del medio exterior, tanto de la naturaleza en general, como del ambiente social, exclusión hecha de la palabra auditiva o visual, vista u oída" (Pávlov, 1955c, p.353).

"El intercambio nutritivo en los grados más bajos de la escala animal tienen lugar tan solo por el contacto directo del animal con la comida o viceversa" (Pávlov, 1976d, p132).

2.2. Segundo sistema de señales: la palabra.

"En grados más elevados, estas relaciones [contacto del animal con la comida o viceversa] son más numerosas y distantes. Olores, ruidos e imágenes conducen a los animales hacia el alimento en cada vez más amplios espacios del medio ambiente. En el grado superior, los sonidos de la palabra, sus signos escritos o impresos, dispersan a la raza humana sobre toda la superficie terrestre en busca del pan cotidiano" (Pávlov, 1976d, p132).

"La palabra representa el segundo sistema de señales específico del hombre, y consiste en señales de las primeras señales... Es indudable que las leyes básicas establecidas en nuestro trabajo, para el primer sistema de señales, debe regir también para el segundo, pues su labor pertenece al mismo tejido nervioso" (Pávlov, 1955c, p.353).

"El lenguaje constituye el segundo sistema de señales de la realidad y es específicamente nuestro, siendo la señal de las primeras señales" (Pávlov, 1976c, p.40).

"La función del habla introduce un nuevo principio en la actividad de los grandes hemisferios. Nuestras sensaciones y representaciones referentes al mundo que nos rodea constituyen para nosotros las señales primarias de la realidad, señales concretas; en cambio, la palabra, que es especialmente, y ante todo, una excitación cinestésica que va desde los órganos de la fonación hasta la corteza, constituye las señales secundarias, las señales de las señales. Estas representan una abstracción de la realidad que admite generalización y forman nuestro *pensamiento superior,* exclusiva y *específicamente humano*" (Pávlov, 1955g, pp.231-247).

"Los múltiples estímulos de la palabra, por una parte, nos han alejado de la realidad, hecho que debemos recordar permanentemente para no deformar nuestra relación con la misma; por otra parte, es precisamente la palabra la que nos ha transformado en seres humanos" (Pávlov, 1955c, p.353).

"La fantasía extraordinaria y el estado crepuscular de los histéricos, así como los sueños en todos los casos, representan la revivificación del primer sistema de señales, con su riqueza de imágenes, su carácter concreto y también de las emociones. Al comenzar el estado hipnótico, queda excluido, en primer lugar, el órgano del segundo sistema de señales, que es la parte más reactiva del cerebro y trabaja en forma destacada durante el estado de vigilia, regulando y, al mismo tiempo, inhibiendo, hasta cierto grado, tanto al primer sistema de señales como a la actividad emocional" (Pávlov, 1955g, p.246).

Por último, "ya que nuestra conducta general y la de los animales superiores se rigen normalmente –se tiene en cuenta organismos sanos–, por el segmento superior del sistema nervioso central, grandes hemisferios y subcorteza más cercana, el estudio de esta actividad nerviosa superior en condiciones normales, valiéndonos del método de los reflejos condicionados, debe llevar al conocimiento de los verdaderos tipos de la actividad nerviosa, de los modelos básicos de la conducta del hombre y de los animales superiores" (Pávlov, 1955o, p.303).

De todo lo anterior se puede concluir junto con Pávlov (1929, p.11) que "un conjunto de reflejos constituye la base fundamental de la actividad nerviosa, tanto del hombre como de los animales, aunque el conocimiento de todos, muy especialmente de aquellos designados con el nombre de instintos, es muy limitado y fragmentario".

3. Asiento del fenómeno psíquico, su mecanismo biológico y la cualidad de su operación funcional.

"Desde hace mucho tiempo, venían acumulándose observaciones empíricas y científicas. Se sabía que una lesión mecánica o una afección del cerebro –en particular, de los hemisferios cerebrales–, provoca trastornos del comportamiento superior de los animales y del hombre. Este comportamiento se llama *actividad psíquica*" (Pávlov, 1976c, p.21-22).

"La actividad funcional de los grandes hemisferios cerebrales ha recibido el nombre de *actividad psíquica*, tal como la concebimos y la sentimos en nosotros mismos, y como por analogía, la suponemos en los animales" (Pávlov, 1929, p.3). En "nuestro trabajo sobre la fisiología y patología de la actividad nerviosa superior, partimos de la base que la designación "nerviosa superior" corresponde al adjetivo "psíquica" (Pávlov, 1955l. p.331). "En la actualidad, realizo ensayos legítimos según mi parecer, para aplicar la misma relación –método de la relación objetiva con los fenómenos de la actividad nerviosa, en el campo de la patología, en la actividad nerviosa humana, llamada habitualmente *actividad psíquica*" (Pávlov, 1955l, p.352). "Soy un fisiólogo y, en los últimos tiempos, me he interesado, junto con mis colaboradores, en estudiar de manera exclusiva la actividad fisiológica y patológica de los grandes hemisferios de un animal superior: el perro; actividad que corresponde a nuestra función nerviosa habitualmente denominada *psíquica*" (Pávlov, 1955i, p.277).

"Interpretados en un sentido biológico, los *reflejos condicionados* consisten en que los estímulos de los reflejos incondicionados, en determinadas condiciones –coincidencia en el tiempo–, se relacionan con innumerables fenómenos del medio exterior, que se transforman en señales de aquellos estímulos. Gracias a esto, todas las funciones orgánicas, que representan el efecto de los estímulos condicionados, alcanzan una correlación cada vez más fina y exacta, con regiones más y más amplias del medio circundante" (Pávlov, 1955e, p. 250).

4. Mecanismo básico de operación de la Actividad Nerviosa Superior (ANS), su significado y su crítica.

"En los siglos XVIII, XIX y XX, los fisiólogos se aprovecharon de la idea propuesta por Descartes sobre el reflejo, pero la aplicaron solo al estudio de las secciones inferiores del sistema nervioso central y, gradualmente, fueron estudiando otras partes más elevadas" (Pávlov, 1929, p.4).

Según Finger (1994) "Jackson, desarrolló la noción de que la diferencia entre los procesos de los niveles inferiores y los superiores del sistema nervioso solo es de grado".

Pero para Pávlov (1975g, pp.27-29) "la marcha de las ciencias naturales y, específicamente el fisiólogo, se había detenido en el estudio naturalista de las funciones fundamentales de los segmentos superiores del sistema nervioso central".

"Recientemente Magnus, continuando los estudios de Sherrington sobre los reflejos de la médula espinal, demostró la naturaleza refleja de todas las actividades motrices del organismo animal. De esta manera, la idea del reflejo, con su base experimental, fue aplicada al estudio de la actividad del sistema nervioso central; pero en sus partes más inferiores; solo recientemente, se ha extendido este concepto del reflejo al estudio de la actividad de la corteza cerebral" (Pávlov, 1929, p.4).

Concluyendo, "la total actividad nerviosa del animal debe considerarse basada, primeramente, en reflejos innatos" (Pávlov, 1929, p.17).

"Los hemisferios cerebrales, son la porción más elevada del sistema nervioso central" (Pávlov, 1929, p.1). El estudio de la actividad nerviosa superior es el primer capítulo de la fisiología del segmento superior del sistema nervioso central" (Pávlov, 1976c, p.21).

"La actividad real de los grandes hemisferios y de las regiones subcorticales, puede denominarse *actividad nerviosa superior, conducta externa del animal;* oponiéndole con el nombre de *actividad nerviosa inferior,* la de las restantes secciones del encéfalo y de la médula espinal" (Pávlov, 1955g, p.234).

Pávlov (1987, p.S_8-193) definió como Actividad Nerviosa Superior (ANS) a "la actividad fisiológica o funcionamiento de las regiones o centros nerviosos superiores [encéfalo], de la cual depende el comportamiento complejo del animal y del hombre, que suele llamarse actividad psíquica". Para Tatárinov V.G. (1994, p. 312) "el estudio objetivo de la actividad y procesos constituyentes de la corteza cerebral y núcleos subcorticales asociados fue denominada por Pávlov, ANS".

Según Pávlov (1987, pp. S_8- 193, 197) "el fenómeno nervioso particular del reflejo condicionado constituye la base del estudio de la actividad nerviosa superior. El nexo nervioso temporal es un fenómeno fisiológico universal, tanto en el hombre como en los animales; pero, al mismo tiempo, se trata de un fenómeno psíquico, pues la actividad psíquica es producto de la actividad fisiológica del encéfalo. Constituye lo que los psicólogos llaman *asociación*, ya sea de actos, percepciones, letras, palabras, ideas, etc. Entre ambos fenómenos existe una identidad completa".

"Nuestro trabajo sobre la fisiología y patología de la actividad nerviosa superior, parte de la base de que la designación "nerviosa superior" corresponde al adjetivo "psíquica" (Pávlov, 1955l, p.331).

El reflejo condicionado es el mecanismo fundamental de la

operación de la ANS. "En fisiología, los reflejos condicionados constituyen el fenómeno central por medio del cual, se puede estudiar, de una manera cada vez más completa y profunda, tanto la actividad normal como la patológica de los hemisferios" (Pávlov, 1987, p.S_8-198). Pero, "debido a que la ANS es la expresión más fina de "la función cortical, que es la de permitir y asegurar la perfecta correlación funcional entre el organismo y el medio que le rodea, cualquier perturbación en alguna de sus partes, se refleja en el mecanismo entero" (Pávlov, 1929, p.332)[1]. "La síntesis y el análisis de los reflejos condicionados constituyen los procesos fundamentales de nuestro trabajo intelectual (Pávlov, 1987, p.S_8-205).

"El estudio experimental de las variaciones de estado o patológicas, que sufren los procesos nerviosos fundamentales, permite comprender el mecanismo fisiológico de una multitud de síntomas neuróticos y psicóticos que existen aisladamente o que entran en la composición de formas nosológicas determinadas". Según Pávlov (1929, p.335) "después de un tiempo de ocurrida la lesión, los reflejos condicionados no solamente alcanzan su proporción normal, sino que algunas veces se la rebasa, intensificándosela y haciéndose más estables, al mismo tiempo, que se destaca el debilitamiento del proceso de inhibición".

"El método empleado por Pávlov en el análisis de los procesos de la ANS, fue el de los Reflejos Condicionados" (Tatárinov, 1994, p.313). Según Pávlov (1955f) "el reflejo condicionado pone en manos del fisiólogo una inmensa parte de la actividad nerviosa superior, tal vez toda la actividad nerviosa superior".

Según Smolenski A. Ivanov (1951a, p.154),"Pávlov escribió en el prefacio a la quinta edición de su libro *20 años de Experiencia*, que dicha obra constituía la historia de la doctrina de la Actividad Nerviosa Superior (ANS)". "Las tentativas de explicar los fenómenos psíquicos desde un punto de vista fisiológico, llegan casi a irritar a muchos, e incluso a científicos, y es por eso que las califican, con enfado, de mecánicas, a fin de subrayar con energía, como innegable absurdo, la aproximación de los sentimientos subjetivos a fenómenos mecánicos. A mi entender, esto me parece un rotundo mal entendido. En nuestro tiempo, es imposible representar los fenómenos psíquicos como *mecánicos, en el sentido literal de la palabra*; lo que tampoco puede aplicarse a los fenómenos fisiológicos, ni a los químicos, aunque con menor restricción, e incluso tampoco a los físicos. La explicación mecánica estricta queda como ideal de la investigación científico-natural, al que se acerca y seguirá aproximándose lentamente, por largo tiempo, el estudio del conjunto de la realidad, incluido en él también, el estudio del hombre. Las ciencias naturales contemporáneas, en su conjunto, solo son una larga cadena de etapas aproximativas hacia la explicación mecánica, unidas en todo su trayecto por el principio superior de la causalidad y del determinismo: no existe acción sin causa. Se trata sólo de una proximidad muy alejada de la explicación mecánica, cuando se nos abre la posibilidad de dar, a los llamados fenómenos psíquicos, un enfoque fisiológico. Pero según mi parecer, esto ya tiene cabida en no pocos casos" (Pávlov, 1955i, p.281).

5. Procesos constituyentes de la ANS: excitación e inhibición, su carácter unitario, y su papel funcional.

"A mi entender, la introducción del concepto de los excitantes condicionados en la fisiología del sistema nervioso se justifica bajo muchos puntos de vista. Ante todo, responde a los hechos expuestos, ya que es una simple deducción de estos últimos. Además, se aviene perfectamente con las nociones generales de las ciencias naturales: en numerosos aparatos y máquinas, incluso sencillos, ciertas fuerzas solo tienen la posibilidad de manifestarse cuando surgen, en un momento favorable, condiciones determinadas. Más aún, se apoya en cierto número de nociones admitidas por la fisiología contemporánea del sistema nervioso, tales como la inhibición" (Pávlov, 1975e, pp.65-66)[2].

"Si para Séchenov, y a partir de sus experimentos con ranas, algunos reflejos son excitatorios y otros (como las ideas) son inhibitorios" (Finger, 1994), para Pávlov (1929, p.8) "los reflejos, del mismo modo que los dispositivos de transmisión del movimiento de las máquinas hechas por la mano del hombre, son de dos clases: positivos o excitadores y, negativos, suspensivos o inhibidores, es decir, que hay estímulos que se reflejan en la ANS provocándola o excitándola, y otros que la inhiben o paralizan", y, ya que el reflejo condicionado es el mecanismo fundamental de la ANS, el estudio de la conducta y sus alteraciones como actividad refleja, mediada por la ANS, puede realizarse analizando, con el método de los reflejos condicionados, los procesos de la ANS.

"Solo se ha tratado de reflejos de carácter positivo, es decir, de reflejos que en último término, dan lugar a reacciones positivas, motoras y secretorias, todas asociadas con varios procesos de excitación del sistema nervioso. Hay, sin embargo, otra manifestación de la actividad nerviosa, que no es inferior en importancia fisiológica, y si vital a las manifestaciones de orden positivo considerado hasta aquí. Me refiero, decía Pávlov, a la inhibición nerviosa" (Pávlov, 1929, p.44). En el año de 1935, en la reunión general del II Congreso Internacional de Neurología de Londres, Pávlov (1975h, p.176) mencionó que "los procesos nerviosos fundamentales de la actividad nerviosa superior son la excitación y la inhibición, y de la relación de sus propiedades: la intensidad respectiva y, su movilidad".

"La actividad nerviosa se compone de dos mecanismos, dos procesos: excitación e inhibición" (Pávlov 1955l, p.333). Los investigadores neurofisiológicos modernos han demostrado, al igual que en 1982 lo repitiera Sokolov Y. N. (1982), que existen "neuronas que se excitan y neuronas que se inhiben en respuesta al inicio, durante o al final de una excitación, o estímulo".

Al respecto, Pávlov (1993a, p.184) señaló que "debía ponerse especial cuidado en evaluar los procesos que constituyen la actividad nerviosa, es decir, en los procesos de excitación e inhibición, pues toda nuestra vida no es más que un encuentro continuo, una interacción de estos dos procesos". Según Asratian Ezras Astrovich y Simonov Pavel (1968, p.58) "toda nuestra actividad nerviosa, como decía Pávlov, se compone de dos procesos: uno excitador y otro inhibidor, y toda nuestra vida es un encuentro continuo, una relación entre esos dos procesos...". "Al investigar la alta complejidad funcional de los hemisferios cerebrales, nosotros chocamos naturalmente con una mezcla de fenómenos, en la que constantemente se entrelazan fenómenos negativos, de inhibición, con fenómenos positivos, de excitación" (Pávlov, 1929, p.44). Según Tatárinov (1994) "la excitación y la inhibición están enlazadas entre sí y representan un proceso único en la actividad nerviosa".

"El reconocimiento de ambos procesos se fundamenta en que, mientras que el proceso de excitación se acompaña de un aumento de la actividad de los órganos que están en relación con las células nerviosas, la inhibición se caracteriza exteriormente por la desaparición, debilitamiento o disminución de la actividad de los órganos correspondientes" (Tatárinov, 1994). La unicidad de estos procesos nerviosos (excitación e inhibición) permiten finalmente que el organismo alcance su equilibrio con el entorno. De hecho, en cualquier conducta, los músculos se relajan y se contraen" (Kandel y cols., 1997, p. 525).

Por lo anterior, "debemos estudiar los procesos nerviosos (y comportamentales) que permiten que el organismo mantenga reacciones lineales. En general, hay una relación consistente y lineal entre el estímulo y la respuesta nerviosa" (Kandel y cols., 1997, p. 405; Rosenzweig M.R. y Leman A.L., 1992, p. 272), a nivel periférico y a nivel central" (Meulders M. y Boisacq-Schepens N., 1980, pp. 39-40).

"La unidad de los procesos excitatorios e inhibitorios en la actividad nerviosa, se manifiesta en la coordinación de actos tan complejos como la marcha o, en el acto de doblar un brazo, lo cual implica que las células que están en relación con los músculos flexores, entren en un estado de excitación doblando el brazo, pero solo cuando al mismo tiempo, intervenga un proceso de inhibición en el centro nervioso de los músculos extensores, es decir, cuando la contracción de los flexores coincida con la relajación de los músculos antagónicos" (Asratian E. A. y Simonov P., 1968, pp.57-58; y Tatárinov, 1994).

Para Asratian y Simonov (1968, pp.76-77) "la doble función que desempeña la inhibición consiste, por una parte, en que asegura la actividad minuciosa, exacta y biológicamente útil del cerebro, al precisar, perfeccionar y limitar el proceso de excitación y, por otra parte, pero en forma simultánea, la inhibición asegura el gasto económico de energía y contribuye al restablecimiento del potencial energético y de trabajo. De ahí proviene la capacidad de trabajo constante, la confiabilidad de la actividad del sistema nervioso central. Pero a menudo, la inhibición es una tarea ardua, ¡qué tensión exigen a veces la espera, la detención de reacciones, su represión voluntaria!".

"Los grandes hemisferios cerebrales intervienen en los menores detalles de nuestros movimientos, provocando uno y reteniendo otro, como por ejemplo, cuando se toca el piano, es fácil de representar el grado de fraccionamiento alcanzado por la inhibición, pues si se realiza un movimiento (excitación) de un grado dado de intensidad, mientras que el movimiento próximo, aunque sea infinitamente pequeño, queda apartado, retenido" (Pávlov, 1993a, pp.183-184), Inhibido.

Otro caso que ilustra el carácter unitario de los procesos de la ANS lo presentó en su momento Orbeli "cuando, al excluir la sensibilidad epicrítica, procedió a excluir la sensibilidad táctil fina de la gruesa o protopática, mediante la sección de la vía sensorial de las columnas posteriores de la médula, por la destrucción parcial del tálamo y, en otros casos, mediante la decorticación. Dejando intacta la gruesa, se intensifica el dolor y se desarrolla hiperpatía asociada a reacciones intensas de defensa" (Sokolov, 1982).

Desde otra perspectiva, Kandel Erik Richard y cols. (1997, pp. 567-568, 521) mencionan "que las impresionantes capacidades perceptuales, cognitivas y emocionales del encéfalo humano serían de muy poco valor si el encéfalo no pudiera utilizarlas para organizar la conducta. Las vías nerviosas proporcionan los medios por los que el encéfalo integra la información sensorial y motora en acciones intencionadas... la acción intencionada requiere una coordinación fina de la actividad simultánea de numerosas vías motoras. Las conductas intencionadas, mencionadas, no solo reflejan las capacidades cognitivas, sino también el alto grado de plasticidad en el control del movimiento. Cuando dos o más reflejos utilizan las mismas neuronas motoras, "la unicidad de la acción" que se consigue (en la armoniosa acción conjunta, por ejemplo, de músculos agonistas y antagonistas), solo expresa una de tantas familias de reflejos, en unos casos las neuronas en cuestión compiten excitatoriamente, mientras que en otros casos se inhiben".

Estos procesos hablan de los llamados *sistemas funcionales*[3] sobre los cuales Pávlov escribió, y sin los cuales no podría explicarse la plasticidad funcional cerebral. Aún más, para Asratian y Simonov (1968, p.58) "el papel de los procesos de excitación es igualmente importante en los fenómenos de la ANS. Su interacción continua, asegura la actividad perfecta, precisa y eficaz que admiramos en la técnica de un pianista, en los actos de un aviador y en el trabajo lleno de destreza de un obrero calificado".

Pero, independientemente de su caracterización, "la ciencia

moderna reconoce que en las células nerviosas vivas tiene lugar no solo el proceso de excitación, sino también el de inhibición" (Asratian y Simonov, 1968; y Tatárinov, 1994).

En resumen, para Asratian y Simonov (1968, p.57) "la más simple reacción del organismo es imposible sin el surgimiento simultáneo de estos dos estados".

6. Condiciones para el equilibrio de los procesos nerviosos de la ANS y su relación con la conducta.

"Hemos de admitir que los procesos de excitación e inhibición son dinámicos, se irradian, y se propagan, por una parte, y se concentran y quedan encerrados en estrechos límites. Por otra parte." (Pávlov, 1975b, p.186).

"La actividad nerviosa establece una tensión continua entre excitación e inhibición" (Bridgeman, 1991, p. 59). "Las relaciones entre los procesos de excitación e inhibición, el equilibrio entre ellos, determina toda nuestra conducta, incluso el que estemos enfermos o sanos" (Pávlov, 1929).

"Si en el cerebro solo existiera excitación, se produciría un estallido de actividad, hasta que la mayor parte de las neuronas estuvieran despolarizadas la mayor parte del tiempo. La actividad nerviosa sería incontrolable. Para evitar esta situación, la excitación nerviosa es limitada por otro proceso nervioso fundamental, la inhibición" (Bridgeman, 1991, p. 59; Pávlov, 1987, pp. S8-199; Tatárinov, 1994, p. 8).

Siguiendo con ese mismo sentido, en otra ocasión Pávlov (1929, p.44) manifestó "nos son familiares las acciones inhibitorias directas de ciertos nervios aferentes o de ciertas propiedades físicas y químicas de la sangre, ejerciendo su acción sobre centros nerviosos definidos que rigen la respiración, circulación, locomoción, etc. Por otra parte, el sistema nervioso central suministra numerosos casos de inhibición indirecta, donde, por ejemplo, la inhibición de la actividad de un centro dado es el resultado de la actividad de algún otro centro, cuya actividad ha surgido, a su vez, como resultado de la excitación de algún nervio aferente o de algún cambio en la composición de la sangre". Un ejemplo, aunque periférico, que ilustra el proceso central que menciona Pávlov, esto es, que una excitación produce el efecto contrario, una inhibición, se encuentra en el clásico experimento de los años treinta de Otto Loewi en el que además, se ilustra la comunicación por neurotransmisores entre nervio y músculo: "colocó dos corazones de rana en un mismo recipiente y con sustancias salinas, pero sin entrar en contacto entre sí. Al estimular eléctricamente el nervio de uno de los corazones, su latido disminuía en frecuencia y en intensidad y, al poco tiempo y en forma gradual, ocurría lo mismo en el segundo corazón" (Pasantes Ordoñez. H. 1997, pp. 24-25).

Para ilustrar lo dicho, Pávlov (1929, pp.47-48) refirió lo siguiente: "si al perro se le alimenta tiempo antes de que el estímulo condicionado establecido sea aplicado, este reflejo no puede ser obtenido. Lo que ocurre es que el centro alimenticio inhibe la reacción al estímulo establecido durante un considerable espacio de tiempo, después que estos centros han sido puestos en actividad, ocurriendo siempre lo mismo por mucho que se repita el experimento. También es el caso, cuando se establece un reflejo condicionado aplicando el estímulo de una manera descuidada, llegando a ocasionar una intensa irritación de la mucosa de la boca que produce una inhibición permanente del reflejo condicionado, lo cual perdurará hasta que ese estado patológico haya desaparecido. También puede suceder que el perro, por ejemplo, sufra de lesiones en la piel producidas por las ligaduras; entonces el reflejo de defensa se hace dominante e inhibe otros reflejos. Un ejemplo más es cuando en un perro el experimento marchaba bien al principio, pero de repente, los reflejos condicionados empezaban a decaer y hasta desaparecían. Si al perro se le sacaba y se le dejaba orinar, el reflejo volvía a lo normal".

"En forma similar al reflejo de orientación, el reflejo defensivo a su vez tiene un efecto positivo en la sensibilidad de los analizadores" (Sokolov, 1982).

Para Asratian y Simonov (1968, pp.47-49), "de acuerdo con el principio de autorregulación del estado fisicoquímico, la excitación de las células nerviosas activa los contramecanismos de la inhibición celular. Así, mientras se refuerza el reflejo condicionado, es decir, la excitación de las neuronas intercalares de la conexión condicionada, la excitación sería más fuerte que los mecanismos inhibidores. Pero dejemos de aplicar el estímulo incondicional. La activación creciente de los mecanismos inhibidores implica el bloqueo funcional completo, la inhibición de la conexión condicionada. Las consecuencias son, por una parte, que el organismo deja de reaccionar a una señal que le es inútil y, por otra parte, las células nerviosas quedan exentas de gastos energéticos superfluos, pudiendo reconstituir su composición fisicoquímica normal, su capacidad de trabajo elevada".

Pero, además, "la excitación en la célula nerviosa se acompaña de modificaciones notables en su composición química, en su metabolismo y en la actividad de los catalizadores intervinientes intrínsecos. Los estudios con radioisótopos muestran que, en el periodo de excitación, el metabolismo de los ácidos nucleicos se reprime poco a poco. Es evidente, concluyen estos autores, que las células vivas necesitan renovar continuamente su capacidad de trabajo, su composición físico-química normal. En caso contrario, surge el peligro de una sobre excitación, del agotamiento..." (Asratian y Simonov, 1968, p.59).

Según Pávlov (1975h, p.179) "el debilitamiento del proceso de excitación lleva al predominio de la inhibición general o, diferentemente parcial, bajo el aspecto de sueño, lentitud o fatiga y, en alguna de las otras fases funcionales de las cuales las más características son la paradójica y la ultraparadójica", pero no se descarta la de igualación

Por su parte "el debilitamiento del proceso de inhibición lleva a un predominio anormal de la excitación, que se manifiesta con una perturbación en las diferenciaciones, del retraso..., en el comportamiento general del animal con agitación, impaciencia, violencia y síntomas mórbidos como la irritabilidad neurasténica y en el hombre, con accesos submaniacos o maniacos, etc." (Pávlov, 1975h, p.181).

No puede dudarse que "el proceso complejo de la extinción de un reflejo condicionado se encuentra relacionada con una multitud de estructuras situadas en diferentes niveles del sistema nervioso central, incluida la formación reticular. Sin embargo, la fuente primitiva y punto de partida de la inhibición en la extinción del reflejo condicionado está en los elementos corticales de la conexión reflejo-condicionada. Esto es, la inhibición del reflejo condicionado no reforzado –la extinción del reflejo condicionado–, es una inhibición interna, un proceso que se desarrolla en el seno mismo de la conexión condicionada y no, como lo aseguran P. K. Anojin y Jerzy Konorski, resultado de la excitación de otras estructuras" (Asratian y Simonov, 1968, pp.47-49).

Podemos concluir señalando que "la regulación de la excitación está limitada por la inhibición en sus dos extremos, tanto en su fase de inicio como en su fase final" (Asratian y Simonov, 1968, pp.73-74). En este sentido, también se debe reconocer que la regulación de ambos procesos nerviosos depende, en gran medida, de la organización estructural y de los diferentes procesos que se involucran con la recepción y transmisión de las condiciones del medio exterior y del medio interno del organismo, a la estación central, al lugar privilegiado para realizar la conexión temporal entre esos eventos, esto es, a los hemisferios cerebrales[4].

7. Naturaleza y función del reflejo condicionado en la conducta y equilibrio del organismo en el sistema.

En lo general, las actividades que se desarrollan en el organismo para que este pueda mantener su existencia, son de dos tipos: actividades de relación y actividades vegetativas, y ambas interactúan para que el organismo mantenga su equilibrio con el entorno. "Para que el organismo pueda alcanzar el equilibrio, su actividad está mediada por su actividad nerviosa superior, por la función fundamental y más general de los hemisferios cerebrales, que le otorga la capacidad de reaccionar, con exquisita adaptabilidad, a las *señales* presentadas por innumerables estímulos de significación intercambiable, que si bien tienen todos los caracteres de un acto reflejo, se diferencia de éste en que la actividad *señal, la reacción depende de un mayor número de condiciones.* En el reflejo innato la vía es completa y previamente establecida, mientras que en el caso del reflejo señal la vía tiene que ser establecida y completada por los hemisferios cerebrales. Yo he llamado a estos reflejos *señales, reflejos condicionados* para distinguirlos de los otros reflejos *no condicionados* o absolutos" (Pávlov, 1929, p.14-26).

"Es innegable que el rasgo fundamental de la actividad nerviosa dependiente de la integridad de los hemisferios cerebrales es su capacidad de señalar y de establecer reacciones a estas señales" (Pávlov, 1929, p.22).

Según Ferrús (1996), "la variabilidad en el comportamiento de un individuo frente al medio externo, lo constituyen la variabilidad en el número, posición y estado funcional de los contactos sinápticos".

No obstante, conviene destacar que, para lograr el equilibrio del organismo con su entorno, "una inmensa parte de la visible actividad exterior del organismo se nos presenta, ante todo, como... conducta, que no es precisamente sencilla, la cual transcurre como una serie de innumerables reflejos condicionados (y que también está mediada), por su actividad nerviosa superior" (Pávlov, 1929).

"El organismo animal como sistema, existe en la naturaleza circundante tan solo por el equilibrio constantemente establecido entre este sistema y el medio ambiente, es decir, gracias a unas reacciones definidas mediante las que el organismo responde a las excitaciones que proceden del exterior, lo que en los animales superiores realiza, principalmente, el sistema nervioso por medio de los reflejos. El equilibrio de un organismo determinado o de su especie y, consecuentemente, su integridad, lo aseguran tanto los reflejos incondicionados más simples (por ejemplo, la tos intenta eliminar un cuerpo extraño cuando se extravía en los órganos respiratorios), como los más complicados llamados instintos (alimenticio, defensivo, procreador, etc.).

Estos reflejos son desencadenados por agentes internos que surgen del mismo organismo y por agente externos, lo que garantiza la perfección del equilibrio. Sin embargo, el equilibrio asegurado por estos reflejos solo sería perfecto si el medio exterior permaneciese constante. Pero como éste, además de su extrema diversidad, se halla en estado de continua variación, los reflejos incondicionales –conexiones permanentes– no son suficientes para asegurar este equilibrio y deben completarse con reflejos condicionales. Por ejemplo, no basta con que el animal sea capaz de coger el alimento que está cerca de él, sino que para no morir de inanición tendrá que buscar su comida y descubrirla por distintos indicios, accidentales y temporales, que son estímulos condicionados que excitan los movimientos del animal hacia el alimento y su prensión, es decir, señales que, en su conjunto, provocan un reflejo alimenticio condicional. Lo mismo ocurre en lo concerniente al bienestar del organismo y de la especie, tanto en el sentido positivo como en el negativo; es decir, tanto en lo relativo a lo que debe coger del medio circundante como en lo que debe rechazar" (Pávlov, 1976c, pp.26-28).

Ya que para Pávlov (1975d, pp.111-112) "los reflejos incondicionales son la condición fundamental de la integridad del organismo en medio de la naturaleza, pero no bastan para asegurar al organismo una existencia duradera, estable y completa, hecho que demuestra la experiencia de la ablación de los grandes hemisferios del perro. El animal conserva sus fundamentales reacciones reflejas exteriores, sin hablar naturalmente, de sus reflejos internos. El animal se lanza sobre el cebo, evita las influencias destructoras. El reflejo investigador está presente... y, sin embargo, es un inválido; si se lo abandona, no puede subsistir, solo las propiedades químicas y físicas de los cuerpos en contacto con la mucosa bucal continúan produciendo un efecto salivar...

Un caso distinto es, por ejemplo, el de una fiera de gran fuerza que se alimenta de un animal más pequeño y débil. Este último perece si no pone en movimiento su mecanismo de defensa antes de quedar cogido entre los colmillos y las garras de la fiera".

La ocurrencia de esa posibilidad significa que la actividad nerviosa, carecería de un factor de primera importancia para que el pequeño animal (puesto que sería un sistema cerrado, aunque extremadamente complicado), a fin de equilibrarse con el medio que le rodea (que es de una complejidad tan grande y de una movilidad tan continua); y por ello no reaccionará a las fluctuaciones significativas de este último.

De acuerdo con Pávlov (1993b, pp.105, 106), "desde el punto de vista biológico, la actividad del organismo consiste, en reaccionar tanto a sus propias condiciones internas como a las influencias del mundo exterior, de modo que la actividad por la que les responde pueda asegurar su existencia... si el animal no se adaptase exactamente a las diversas condiciones en que se encuentra, dejaría de existir más o menos rápidamente.

El organismo solo puede existir como sistema material unido y diferenciado, si está en constante equilibrio con las circunstancias ambientales. En cuanto se rompe este equilibrio, deja de existir como sistema determinado".

"Resulta evidente, escribió Pávlov, que el aspecto de la fiera y los ruidos que emite no pueden desgarrar a un pequeño animal, pero gracias a ellos, puede escapar de sus colmillos y garras… Por lo tanto, la función de la actividad nerviosa superior (ANS) consiste en señalar al organismo todas las oscilaciones del medio ambiente, mediante infinidad de señales. Su papel, es la de ser el eslabón y vínculo imprescindible en el logro de la estabilidad del organismo como sistema dentro del entorno" (1993b, pp.113,-114).

En otras palabras, según Pávlov (1987, p.S$_8$-196-197) "como el medio exterior, con su extrema diversidad se halla sujeto a permanente cambio, los reflejos de que se ha hablado – se denominan incondicionados, en tanto que corresponden a correlaciones estáticas y permanentes entre un agente exterior y la respuesta del organismo–, son insuficientes para mantener el equilibrio del organismo con su medio, y deben ser completados por los reflejos condicionados, es decir, por correlaciones temporales entre agentes exteriores y respuestas del organismo, denominadas reflejos condicionados. Así, por ejemplo, el animal no puede contentarse con llevar a su boca el animal que encuentra ante él, sino que tiene necesidad de buscar su alimento, basándose en señales ocasionales y temporales, constituidas por estímulos condicionados que provocan los movimientos hacia el alimento que ha de llevar a su boca".

En el caso del hombre, esto significa, por ejemplo, que modificamos nuestro comportamiento hacia los demás, de acuerdo a su carácter, estado de ánimo o situación; es decir, se reacciona ante ellos según las consecuencias agradables o desagradables de los primeros contactos.

"Debemos admitir que estos nuevos reflejos (condicionados) son una manifestación del sistema nervioso superior de los animales; constituyen, en efecto, los fenómenos más complejos de la actividad nerviosa y, por consiguiente, han de depender de las partes superiores del sistema nervioso. Las experiencias realizadas con animales (envenenamiento, ablación parcial o total de los hemisferios) permiten afirmar que los reflejos condicionados exigen la intervención de los hemisferios. Los reflejos condicionados son temporales. Este carácter esencial los distingue de los antiguos reflejos sencillos, estudiados desde hace mucho tiempo en la fisiología. Su carácter temporal se manifiesta de dos maneras: aparecen donde no existían antes y pueden desaparecer de nuevo. Por lo tanto, el rasgo esencial de la actividad nerviosa superior, la más general actividad fundamental de los grandes hemisferios consiste en señalar al organismo todas las oscilaciones del medio ambiente, transmitidas por infinidad de señales" (Pávlov, 1993c, pp. 56-57).

"Es más, la relación temporal condicional llega a un grado extremo de especialización y de fragmentación de los estímulos condicionales y de las funciones del organismo, sobre todo en la función motriz esquelética en general y la de los músculos que participan en el lenguaje. Nos encontramos ante un análisis más sutil, producto de la actividad de los hemisferios cerebrales. De aquí la gran adaptabilidad y del equilibrio del organismo respecto del medio exterior" (Pávlov, 1976c, p.30).

"Es evidente que todos estos procesos: 1) la intensidad de los procesos nerviosos básicos, excitación e inhibición, que componen siempre la totalidad de la función nerviosa, 2) el equilibrio entre ambos y, 3) su movilidad, actúan en forma simultánea y condicionan la adaptación superior del organismo animal a las condiciones circundantes o, dicho en otra forma, permiten el equilibrio perfecto del organismo como sistema con el medio exterior, es decir, asegura la existencia del organismo" (Pávlov, 1955o, p.301).

"Es evidente que la inhibición interna, activa o condicionada, desempeña, junto con el lazo condicionado, un papel importantísimo en la adaptación al medio, analizando en forma continua y provechosa los estímulos que de él provienen" (Pávlov, 1955e, pp. 251-252).

"La inhibición cortical activa superior –interna–, la que mantiene en forma interrumpida, conjuntamente con el proceso de excitación, el equilibrio del organismo con el medio sirve – sobre la base de la función analizadora de los receptores–, para diferenciar y dividir la actividad nerviosa que corresponde a las condiciones y al momento dado, de la que no corresponde – extinción, diferenciación, retardo–" (Pávlov, 1955o, p.307).

"Si se da al animal un estimulante cualquiera, digamos cafeína, y se modifica el equilibrio de los procesos nerviosos de manera que la excitación predomine sobre la inhibición, la discriminación firmemente adquirida hasta entonces se embarulla de repente y, con frecuencia, desaparece por completo durante cierto tiempo" (Pávlov, 1975g, p.38).

"La relación del organismo con el medio externo, a través de los agentes señales condicionados, es tanto más perfecta cuanto mayores son el análisis y la síntesis de dichos agentes, realizados en los grandes hemisferios, en concordancia con la gran complejidad y las continuas oscilaciones del medio" (Pávlov, 1955e, p.256).

"Habitualmente los grandes hemisferios, que constituyen el órgano supremo de la relación del organismo con el medio exterior y, por lo tanto, los reguladores permanentes de las funciones ejecutivas de aquél mantienen bajo su constante influencia a las restantes secciones del encéfalo y su actividad instintiva y refleja. De aquí resulta que la eliminación o el debilitamiento de la actividad de los grandes hemisferios debe traer aparejada una actividad más o menos caótica de la subcorteza, que carece de la medida y concordancia adecuada con las condiciones del medio ambiente. Este es un fenómeno de conocimiento general que se manifiesta en los animales después de la ablación de los grandes hemisferios, en el hombre adulto durante distintas narcosis y en los niños pequeños en la transición del estado de vigilia al del sueño"[5] (Pávlov, 1955e, pp.259-260).

8. Propiedades, leyes y dinámica de los procesos de la ANS.

"El estudio de los reflejos condicionados, o fisiología de la actividad nerviosa superior, se ocupa de la investigación de las leyes dinámicas de dichos reflejos, en estado normal y patológico" (Pávlov, 1955e, p. 250).

"Hemos de admitir que los procesos de excitación e inhibición son dinámicos, que se irradian y se propagan, por una parte, y se concentran y quedan encerrados en estrechos límites, por otra" (Pávlov, 1975b, p.186).

Entre los innumerables datos proporcionados por el estudio de la ANS, según el método de los reflejos condicionados, deben también considerarse al evaluarla, tres propiedades que se encuentran en estrecha relación con los trastornos de esta actividad.

En la reunión general del II Congreso Internacional de Neurología de Londres realizado en 1935, Pávlov (1975h, p.176) manifestó que "los trastornos en tres de las propiedades de la ANS se encuentran estrechamente relacionados con las alteraciones características presentes en los estados patológicos de esa actividad". Se trata "de tres propiedades de los dos procesos nerviosos fundamentales, la excitación y la inhibición: a) su fuerza o intensidad respectiva, b) su correlación de fuerzas o equilibrio-desequilibrio entre ambos y, c) de su movilidad" (Pávlov, 1975c, p. 217).

"Las propiedades de los procesos básicos de la Actividad Nerviosa Superior: 1. la fuerza de los dos procesos nerviosos, excitatorio e inhibitorio, 2. la correlación de fuerzas entre ambos, el equilibrio y, 3. su movilidad" (Pávlov, 1955j, p.363)[6].

"La actividad nerviosa se compone de dos mecanismos, dos procesos: excitación e inhibición, en los que distinguimos tres aspectos o propiedades básicas: la intensidad de estos procesos nerviosos, tanto de la excitación como de la inhibición; su movilidad en forma de inercia o labilidad y, finalmente, el equilibrio entre ambos procesos" (Pávlov, 1955l, p.333).

Refiriéndose a esas propiedades, enfatizó que constituyen el basamento de los tipos de actividad nerviosa superior, tipos cuyo papel es considerable en la génesis de las enfermedades mentales y nerviosas.

"Se dispone también de suficientes razones para admitir la identidad de las leyes de ambos procesos, excitación e inhibición, y son: irradiación, concentración e inducción recíproca" (Pávlov, 1955g, p.235).

"Es preciso pensar que la actividad de los grandes hemisferios y todo el sistema nervioso central, con sus procesos de excitación e inhibición, está regida por dos leyes básicas: la ley de irradiación y concentración de cada uno de estos procesos, y la ley de su inducción recíproca"[7] (Pávlov, 1955e, p.250).

9. La fuerza de los procesos de la ANS y su dinámica.

9.1. La fuerza o intensidad y la Ley de irradiación y concentración en el estado normal, equilibrado o de reacción proporcional a los estímulos de la ANS.

"Las terminaciones periféricas están especialmente dotadas

para transformar una determinada clase de energía (interior o exterior), en un proceso de excitación nerviosa[8] que inmediatamente es conducido a las células específicas, poco numerosas, de los segmentos inferiores del sistema nervioso central, al igual que a las innumerables células especializadas de los hemisferios cerebrales. Desde allí que el proceso de excitación nerviosa se expanda, irradiando hacia otras células situadas a mayor o menor distancia... En la fisiología de la actividad nerviosa superior este fenómeno se llama *generalización*" (Pávlov, 1976c, p.30).

"Si se destruye el centro de transmisión del impulso nervioso de los nervios aferentes a los nervios eferentes, desaparecen los reflejos" (Pávlov, 1929 p.25).

"La inhibición, es un fenómeno conocido desde hace mucho tiempo en la fisiología del segmento inferior del sistema nervioso central" (Pávlov, 1955p, p.45).

"La actividad de los grandes hemisferios y de todo el sistema nervioso central, con sus procesos de excitación e inhibición, está regida por dos leyes básicas: la ley de irradiación y concentración de cada uno de estos procesos, y la ley de su inducción recíproca. Si un proceso se concentra induce el opuesto, tanto en la periferia, mientras dura su acción, como en el mismo sitio de ésta, una vez terminada... Al irradiarse el proceso excitatorio da lugar a la sumación de reflejos, a la asociación o formación de reflejos condicionados, [y a la generalización]. Durante la concentración del proceso excitatorio nos encontramos a todo lo largo del sistema nervioso central con fenómenos inhibitorios, manifestaciones de la ley de inducción. El punto en que se concentra la excitación es rodeado, en mayor o menor superficie, por el proceso inhibitorio, fenómeno de inducción negativa. La inhibición surge siempre de inmediato al originarse el proceso de excitación" (Pávlov 1955d, p.p. 250-251).

Entre los puntos en común entre la inhibición y la excitación están: "ambos procesos se propagan, irradian; entre ambos se establece una lucha o encuentro que normalmente termina con su debilitación, balanceada y equilibrada; en algunas ocasiones, esa lucha concluye con la alteración de la función nerviosa normal y aparece un estado patológico, que puede durar días o años" (Pávlov, 1955p, pp.46-47).

"Tanto el proceso de excitación como el de inhibición se irradian sobre los hemisferios y sobre las secciones inferiores del cerebro, y luego se concentran en el punto de partida (Pávlov, 1955p. p.62).

"Es preciso admitir, que la gran mayoría de los casos la enfermedad del sistema nervioso consiste en que se altera la correcta relación entre los procesos de excitación e inhibición "(Pávlov, 1955l, p.349)".

"El equilibrio inestable, propio del perro en estado normal, se rompe en forma definitiva en determinadas condiciones elementales. Estas son principalmente, tres condiciones, tres casos: aplicamos estímulos extraordinariamente intensos en calidad, es decir, sobrecargamos su proceso de excitación; exigimos del animal una inhibición demasiado fuerte o muy prolongada, es decir, sobrecargamos su proceso de inhibición o, finalmente, provocamos el choque de ambos procesos, es decir, aplicamos estímulos positivos y negativos en forma inmediata, sucesiva y alterada. En todos estos casos se origina una alteración crónica de la actividad nerviosa superior, una neurosis. El tipo excitado pierde casi por completo la capacidad de inhibición; el inhibido hasta se niega a comer cuando está hambriento, y si le aplicamos estímulos condicionados se torna extraordinariamente inquieto y al mismo tiempo pasivo.

Es probable que si estos perros enfermos pudieran observarse a sí mismos y decirnos lo que experimentan, declararían por lo general, experimentar un estado difícil, de pesadez; unos resaltarían que no podían dejar de hacer lo que se les había prohibido; otros, que ellos de ningún modo pudieron hacer lo que en general hubieran debido hacer" (Pávlov, 1955ñ, p.207).

"Sobrecargar el trabajo de la célula nerviosa, su proceso de excitación y/o el de inhibición [por separado] los transforma en patológicos" "Ahora bien, si hemos alterado la célula nerviosa mediante una sobrecarga y ella se ha enfermado, se obtiene otra relación de dicha célula con respecto a los estímulos y se puede presentar, una o varias de las distintas fases de la actividad de los procesos nerviosos: la fase igualatoria; la paradojal"; (Pávlov, 1955l, p.334, 335), "y la ultraparadójica, en cuya base se encuentra la inducción recíproca, mecanismo fisiológico del negativismo" (Pávlov, 1955i, p. 280); "la labilidad o explosividad; o la inhibición protectora; la inercia patológica, presente en la estereotipia, en la iteración, en la perseveración, como síntomas; y también en la esencia de la neurosis obsesiva y de la paranoia... En estas condiciones las células corticales no funcionan como normalmente lo hacen, con un efecto que corresponde -dentro de ciertos límites-, a la fuerza del estímulo[9] (Pávlov, 1955i, p.279; Pávlov, 1955d, p.p. 287-288).

"Nuestra educación, aprendizaje, disciplina y costumbres de toda índole representan, de por sí, largas series de reflejos condicionados. ¿Quién no sabe cómo los vínculos adquiridos, establecidos en determinadas condiciones entre ciertos estímulos y nuestras funciones, se reproducen a menudo a pesar de nuestra intencionada oposición? Esto se refiere tanto al ejercicio de una u otra acción, como a la elaboración de su proceso inhibitorio, es decir, a los reflejos positivos y a los negativos. Además, es reconocida la dificultad que ofrece a veces el desarrollo de la inhibición, necesaria tanto en el caso de movimientos aislados superfluos, en juegos, en manipulaciones, en los que la experiencia ha enseñado desde hace tiempo cómo la ejecución de tareas difíciles se logra únicamente en forma paulatina y cuidadosa. Todos saben hasta qué punto los estímulos extraordinarios inhiben y desintegran la función ya habitual y en qué forma un cambio en el orden establecido en los movimientos, dificulta y confunde todo el género de vida, como así también que los estímulos débiles y uniformes provocan en el hombre laxitud, somnolencia, adormecimiento. Son conocidos también los casos de vigilia parcial durante el sueño común; por ejemplo, la madre que duerme al lado de su criatura enferma, etc. Todos estos son fenómenos que hemos observado en nuestros animales y de los que hablamos en conferencias anteriores" (Pávlov, 1955a, p.156).

"El proceso de inhibición se concentra cuando se intensifica o se refuerza, lo que nos lleva a la delimitación, en la región cortical, de puntos en estado de excitación y puntos en estado de inhibición. Cuando los procesos de excitación e inhibición se han desarrollado en los hemisferios, empiezan por extenderse e irradiarse, para luego concentrarse reuniéndose en su punto de partida. Es una de las leyes fundamentales del sistema nervioso central, ley que en los hemisferios cerebrales se manifiesta en su plenitud por toda la movilidad y complejidad que les caracteriza" (Pávlov, 1976c, p.33).

"Acto seguido, la acción excitante va limitándose progresivamente y el proceso de excitación se concentra en un punto minúsculo de los hemisferios, probablemente en una agrupación celular específica. Esta limitación se produce con la máxima rapidez bajo la influencia de otro proceso nervioso fundamental llamado inhibición, que tiene lugar de la manera siguiente: ante todo obtenemos un reflejo condicional generalizado a partir de un tono determinado. Proseguimos nuestro experimento acompañándolo ininterrumpidamente del estímulo incondicional que servirá de refuerzo. Paralelamente vamos a utilizar otros ruidos ocasionales que no reforzaremos. Estos perderán paulatinamente su eficacia hasta alcanzar incluso el tono más próximo al reforzado. En lo sucesivo, los tonos que han quedado sin efecto permanecen inhibidos. Si inmediatamente después de emplear un tono inhibido se prueba el efecto de un tono condicionado constantemente reforzado, éste no actuará o lo hará de forma más débil que de lo ordinario. De ello se deduce que la inhibición que ha hecho que cesara la acción de los tonos extraños, ha tenido una repercusión sobre el tono condicionado. Pero esta acción es fugaz y desaparece si se aumenta el intervalo entre los tonos eliminados. En conclusión, podemos decir que el proceso de inhibición, al igual que el de excitación, es irradiante" (Pávlov, 1976c, pp.30-31).

"Gracias a la irradiación del proceso excitatorio, tiene lugar en todo el sistema nervioso central la suma de reflejos. La onda de la nueva excitación, al extenderse, se suma a la excitación local, sea ésta manifiesta o latente y, en este último caso, revela cuál es el foco en latencia" (Pávlov, 1955e, pp.250-251).

"En los grandes hemisferios, con su estructura compleja y su extraordinaria reactividad y capacidad de dejarse impresionar, al irradiarse el proceso excitatorio, da lugar a que se formen el lazo temporal, el reflejo condicionado y la asociación. Sin embargo, el reflejo sumado es un fenómeno momentáneo, que dura poco; en cambio, el reflejo condicionado es, bajo ciertas condiciones, un fenómeno estable, que se refuerza gradualmente y representa el proceso característico de la corteza" (Pávlov, 1955e, p.251).

"En los grandes hemisferios, el encuentro de las ondas que se irradian desde distintos puntos conduce rápidamente a la unión temporal, a la asociación de las mismas; en las restantes zonas del sistema nervioso, este encuentro se manifiesta como un fenómeno fugaz. La unión producida en los grandes hemisferios se debe, probablemente, a la extraordinaria capacidad reactiva y de dejarse grabar, propiedad característica y permanente de esta sección del sistema nervioso central. Además de ello, la irradiación del proceso excitatorio en los grandes hemisferios suprime, disipa, temporal y brevemente, la inhibición que existe en algunos de sus puntos, transformándolos durante ese lapso en puntos de acción positiva. Hemos llamado a este fenómeno desinhibición. Al irradiarse el proceso inhibitorio, se observa que disminuye o desaparece por completo la acción de los puntos positivos y se refuerza la de los negativos" (Pávlov, 1955g, pp. 235-236).

"Es posible observar, a veces, la propagación progresiva de la inhibición a la región motriz del córtex. Ante todo, la lengua y los músculos masticadores se paralizan, e inmediatamente después se produce la inhibición de los músculos del cuello y del tronco. La propagación de la inhibición en el cerebro puede provocar a veces un estado cataléptico y, finalmente, el sueño completo. El estado de hipnosis, por su naturaleza inhibitoria, entra fácilmente en la relación condicionada temporal, por simultaneidad, con numerosos agentes exteriores" (Pávlov, 1976c, p.35).

"La irradiación del proceso de inhibición débil constituye lo que se llama hipnosis y se manifiesta claramente en los dos componentes, secretor y motor, de los reflejos condicionales alimenticios" (Pávlov, 1976c, p.34). "El primer lugar entre las condiciones que rigen el desencadenamiento y la marcha de la irradiación y de la concentración de los procesos de excitación e inhibición, corresponde a la intensidad de ambos" (Pávlov, 1976c, p.33).

"En lo que respecta a los grandes hemisferios, podemos decir que en ellos se verifica lo siguiente: en casos de intensa excitación o inhibición, se produce por acción de los estímulos correspondientes, la difusión, la irradiación de los procesos desde el punto inicial" (Pávlov, 1955g, p.235), cuyo efecto neto es la profundización del proceso en cuestión. Por ejemplo, "si se trata de la inhibición difusa de la corteza, de un estado hipnótico de poca intensidad, entonces un estímulo inhibitorio bien elaborado, al concentrar en mayor o menor grado la inhibición difusa, elimina totalmente el estado hipnótico o lo debilita. Por el contrario, en caso de un fuerte tono inhibitorio de la corteza durante el estado hipnótico, un estímulo inhibitorio bien elaborado, profundiza aún más la inhibición como si se sumara a la inhibición presente. Quiere decir que el resultado fue determinado por las relaciones de intensidad." (Pávlov, 1955n, p.229).

"En los casos de intensidad muy elevada se produce de nuevo la irradiación" (Pávlov, 1955g, p.235); esto es, "en contraste con los estímulos moderadamente fuertes o con los débiles durante el estado hipnótico, un estímulo de suma intensidad por lo general no profundiza la inhibición, sino que produce un efecto positivo. Eso debe atribuirse a la acción directa del estímulo extraordinariamente fuerte sobre la región subcortical y a que la gran excitación de la región subcortical se comunica también con la corteza, disipando o debilitando en ella el proceso inhibitorio. Esto debe atribuirse a la acción directa del estímulo extraordinariamente fuerte sobre la región subcortical y a que la gran excitación de la región subcortical se comunica también a la corteza, disipando o debilitando en ella el proceso inhibitorio" (Pávlov, 1955n, p.229).

"Si el proceso es muy intenso, resurge la irradiación. Sucede exactamente lo mismo con el proceso de inhibición. Los casos de irradiación en los procesos muy intensos se encuentran con poca frecuencia, por cuyo motivo son menos estudiados, sobre todo en lo que se refiere a la inhibición. Cuando la excitación es muy fuerte, la irradiación condiciona un tono cortical elevado y los demás estímulos producen el máximo efecto" (Pávlov, 1976c, p.33; 34).

"En casos de intensidad mediana, se registra una elevada concentración y centralización de los procesos" (Pávlov, 1955g, p.235); por ejemplo, "en el caso de un estado hipnótico de poca intensidad, de inhibición difusa de la corteza, un estímulo inhibitorio bien elaborado, elimina totalmente el estado hipnótico o lo debilita, al concentrar en mayor o menor grado la inhibición difusa" (Pávlov, 1955n, p.229), y "si el proceso es de intensidad media, se produce la concentración...Un proceso de excitación de fuerza media se concentra en un lugar limitado y se manifiesta bajo la forma de cierto trabajo.

"Los datos reunidos hasta ahora permiten afirmar que en un proceso de excitación débil tiene lugar la irradiación..." "La irradiación de un proceso de excitación débil como fenómeno pasajero pone de manifiesto un estado de excitación latente, debida a otro estímulo actual (pero demasiado débil para manifestarse) o a una excitación reciente o, en fin, a una excitación que después de varias repeticiones, ha dejado tras ella un tono funcional elevado en un punto determinado. Por otra parte, esta irradiación suprime el estado de inhibición de otros puntos de la corteza. Es lo que hemos llamado desinhibición, cuando la onda irradiante de un agente débil extraño transforma un estímulo condicionado negativo en otro de acción opuesta, positivo" (Pávlov, 1976c, pp.33-34). Este proceso también es conocido como inducción.

9.2. El papel que juega la inducción recíproca en la Ley de la irradiación y la concentración de los procesos de la ANS.

"Teniendo en cuenta que a medida que aumenta la frecuencia de tonos no reforzados, se restringe la irradiación de la excitación. El proceso de inhibición se concentra cada vez más en el tiempo y en el espacio" (Pávlov, 1976c, p.31).

"Durante la concentración del proceso excitatorio nos encontramos a todo lo largo del sistema nervioso central con fenómenos inhibitorios, manifestaciones de la ley de inducción" (Pávlov, 1955e, p. 251).

"Cuando los procesos de excitación o inhibición se concentran, inducen el fenómeno opuesto –tanto en la periferia, mientras dura su acción, como en su lugar, al concluir ésta–: Ley de inducción recíproca" (Pávlov, 1955g, p.236).

9.3. Inducción negativa (inhibición externa, pasiva, incondicionada).

"Si un proceso se concentra, induce el opuesto, tanto en la periferia, mientras dura su acción, como en el sitio mismo de ésta, una vez terminada" (Pávlov, 1955e, p.250).

"El punto en que se concentra la excitación es rodeado, en mayor o menor superficie, por el proceso inhibitorio, fenómeno de inducción negativa, la que se manifiesta tanto en los reflejos incondicionados como en los condicionados... La inducción negativa obra tanto en puntos aislados del cerebro como entre las grandes secciones de éste. Nosotros la llamamos inhibición externa, pasiva, y podría agregarse, aún, incondicionada" (Pávlov, 1955e, p.251).

"Al concentrarse el proceso de excitación, encontramos fenómenos inhibitorios en todo el sistema nervioso central. El punto de concentración de la excitación se rodea, en una zona más o menos extensa, del proceso inhibitorio: fenómeno de inducción negativa. Este hecho se revela en todos los reflejos, se origina desde un principio íntegramente y perdura algún tiempo después de la interrupción del estímulo, tanto en zonas reducidas como en las grandes secciones del cerebro. Lo denominamos inhibición externa, pasiva. En los grandes hemisferios tienen lugar también otras formas de inhibición, probablemente con el mismo substrato físico-químico" (Pávlov, 1955g, p.236).

"La inhibición externa, pasiva, incondicionada, surge siempre de inmediato al originarse el proceso de excitación, y dura no solo mientras se mantiene éste, sino que puede prolongarse hasta después del mismo. Su acción es más profunda, amplia y duradera cuando la excitación es más fuerte y menor el tono positivo de la masa cerebral circundante. La inducción negativa obra tanto entre puntos aislados del cerebro como entre grandes secciones de éste" (Pávlov, 1955e, p.251).

9.4. Inducción positiva.

"En la misma forma que en la concentración del proceso excitatorio, también en el inhibitorio se producen manifestaciones del proceso opuesto, en este caso, en el de excitación, lo que es una consecuencia de la inducción recíproca. El punto en que se concentra el proceso inhibitorio es rodeado, en mayor o menor superficie, por un aumento de la excitación positiva, la que se pone de manifiesto en los reflejos condicionados y en los incondicionados. La elevación de la excitabilidad se hace sentir en forma inmediata o paulatina un cierto tiempo después de iniciada la concentración del proceso inhibitorio, y se mantiene no solo mientras dura éste, sino aún después del mismo, un tiempo que a veces resulta bastante prolongado. La inducción positiva tiene lugar tanto entre puntos aislados de la corteza, como entre las grandes secciones del cerebro" (Pávlov, 1955e, pp.255-256).

Resumiendo, "imaginemos que determinada frecuencia de golpes de metrónomo constituya un estímulo condicionado positivo, pues siempre se acompaña su aplicación con comida, y provoque, por lo tanto, una reacción alimenticia. Otra frecuencia será un estímulo negativo, pues no es acompañada con comida y provocará, en cambio, reacción negativa; al oírla, el animal se dará vuelta en sentido contrario. Estas frecuencias representarán un par de opuestos, que al mismo tiempo se hallarán asociados y se inducirán recíprocamente; es decir, cada frecuencia provocará la acción de la otra. Este es un hecho fisiológico exacto. Avancemos aún más lejos. Si la frecuencia positiva actúa sobre una célula debilitada por alguna causa –o que se encuentra en estado hipnótico[10]–, de acuerdo con la ley del límite, que es también un hecho exacto, la llevará al estado inhibitorio, el que a su vez provocará, por la ley de inducción recíproca, un estado de excitación, en lugar del de inhibición, de la otra mitad del par asociado; y es por ello que en ese momento, el estímulo ligado a esta segunda mitad no producirá inhibición sino excitación. Este es el mecanismo del negativismo: se le alcanza alimento a un perro en estado de inhibición –hipnótica–, es decir, se lo estimula a una función positiva, comer; el perro se da vuelta y no toma el alimento. Cuando se aleja de la comida, es decir, cuando se lo estimula negativamente al inhibir la función, al cese de la alimentación, el perro se tiende al alimento" –parte positiva de la inducción– (Pávlov, 1955i, p.280).

9.5. La fuerza o intensidad y la Ley de irradiación y concentración en el estado alterado y de desequilibrio de los procesos de la ANS.

"En las fases relacionadas con la intensidad del proceso inhibitorio, las llamadas: igualatoria, paradojal y ultraparadojal, los estímulos condicionados de distinta intensidad física, en lugar de producir efectos de intensidad proporcional"[11] a la propia, como ocurre en estado de vigilia, producen respectivamente, efectos iguales, e incluso, inversos, alterados. En las fases más singulares de la alteración se llega a que solo actúan en forma positiva los estímulos inhibitorios, y los positivos se transforman, a su vez, en inhibitorios. El fraccionamiento funcional, tanto de la corteza como del resto del cerebro, en secciones de tamaño variable, se observa vinculado con la extensión del proceso inhibitorio. En la corteza, especialmente, se produce con frecuencia el aislamiento del área motora de las restantes áreas de los hemisferios, y también tiene lugar, con toda nitidez, la desunión funcional dentro de la misma área motora" (Pávlov, 1955e, p.254).

"En nuestros experimentos anteriores, estos puntos aislados presentaban un estado paradojal o ultraparadojal, es decir, que el estímulo que se relacionaba con ellos, o producía un gran efecto cuando su fuerza disminuía, contrariamente a lo que ocurre en estado normal, originaba un efecto negativo en lugar del positivo" (Pávlov, 1955d, pp.287-288).

9.6. Indicadores de la intensidad o fuerza de la excitación, y su relación con la Tipología del Sistema Nervioso (TSN).

"La intensidad del proceso de excitación aparece ante nosotros como una propiedad del sistema nervioso. De aquí la primera clasificación de todos nuestros perros en fuertes y débiles" (Pávlov, 1955o, pp.306). "Llamamos tipo excitable, como ya hemos dicho, a aquél en el cual es muy fuerte el proceso de excitación; probablemente, también es importante en el proceso inhibitorio, pero ambos no guardan correlación, sino que el primero predomina en forma marcada, lo que hace que en estos animales los estímulos negativos no lleguen casi nunca a cero" (Pávlov, 1955l, pp.337-338).

"Sin embargo, ya por su aspecto exterior, los representantes del tipo de sistema nervioso fuerte y equilibrado se diferencian marcadamente entre sí. Algunos son activos en grado sumo, movedizos y sociales, es decir, como si fuesen en general extraordinariamente excitables y rápidos. Otros son todo lo contrario, poco reactivos, poco sociables, es decir, como si fuesen en general poco excitables y lentos. Hace ya tiempo que todos los investigadores hemos advertido esta diferencia exterior entre los animales... El tipo congénito de sistema nervioso puede ser enmascarado casi por completo, por influencia de la educación que la vida le ha dado..." (Pávlov, 1955l, pp.337-338). "¡Qué hecho pedagógico importante! El signo fiel de este rasgo que persiste en forma ilegítima (al que se denominó algunas veces reflejo pánico y al cual yo propondría llamar reflejo primario y temporal o temporario de protección natural), además de su oposición en muchos casos con otros rasgos innatos estables, es la acción inhibitoria, no tanto de los estímulos fuertes, sino de los nuevos, por más débiles que estos fueran –Rosenthal, Petrova–" (Pávlov, 1955o, pp.306).

"Disponemos ya de ejemplos suficientemente nítidos y no del todo escasos en los cuales, por ejemplo, el desequilibrio primitivo pudo ser en gran medida nivelado, con el correr del tiempo, gracias a ejercicios lentos y repetidos" (Pávlov, 1955o, p.308). "... recién ahora se investiga en forma sistemática esta movilidad en dos perros... pertenecen al tipo fuerte y equilibrado, pero al mismo tiempo divergen en su comportamiento exterior. Esta diferencia en la conducta general debe corresponder, por supuesto, a una propiedad específica del sistema nervioso; resulta lo más acertado explicar esta diferencia por la distinta movilidad de los procesos nerviosos" (Pávlov, 1955o, p.308).

"El segundo procedimiento en el caso de reflejos alimenticios condicionados, es la elevación de la excitabilidad alimenticia por medio de un mayor o menor grado de ayuno. En distintos perros con proceso de excitación fuerte, los efectos de los estímulos intensos en estas condiciones eran los siguientes: aumentaban, pero con un aumento simultáneo relativamente mayor del efecto de los estímulos débiles, que se acercaba total o casi totalmente al de los fuertes; o bien, los efectos de los estímulos intensos permanecían sin modificarse en el límite o algo por encima de él, y aumentaban solo los efectos de los débiles, de modo que estos últimos podían incluso sobrepasar el efecto de los fuertes. En los perros con procesos de excitación débil, al alcanzarse una excitabilidad alimenticia elevada se produce habitualmente un descenso del efecto de todos los estímulos" (Pávlov, 1955o, p.317).

"La influencia del estado de ayuno y de saciedad en la acción de los alimentos a distancia, cabe explicarla por las variaciones de la excitabilidad del centro salivar según la composición de la sangre, distinta en ambos casos" (Pávlov, 1975f, p.46)[12].

"El tercer procedimiento es la administración de cafeína; en el tipo fuerte, una dosis determinada de ésta eleva el efecto del proceso de excitación; en el débil, la misma dosis disminuye dicho efecto, llevándolo más allá del límite de capacidad de trabajo de la célula" (Pávlov, 1955o, pp.317-318).

"La debilidad del proceso de excitación se manifiesta, con la siguiente experiencia, que se refiere a la marcha del proceso excitatorio en el período de acción aislada del estímulo condicionado y se comprueba si este período se divide en unidades de tiempo más pequeñas. Así se tienen tres casos y la respectiva explicación:

a. El efecto es grande y crece en forma regular y progresiva hacia el momento en que es incorporado el estímulo incondicionado. En este caso, se pone de manifiesto un proceso de excitación fuerte, que se desarrolla en forma rigurosa bajo la influencia persistente del estímulo externo.

b. Al principio el efecto es grande y luego decae en forma gradual. Aquí, la interpretación es inversa a la anterior, es decir, como manifestación de un proceso débil, basándose en que en algunos casos especiales, por ejemplo, después de una extirpación focal de corteza, con lo cual el estímulo correspondiente desaparecen en las condiciones habituales, es posible sin embargo provocarlo en una forma muy débil, introduciendo en el experimento esta variante: si desde un principio se aplica varias veces el estímulo que corresponde, reforzándolo casi inmediatamente
–1 o 2 segundos–, después de su comienzo, tras una pausa considerable –20-30 segundos–, se observa que en seguida de comenzar la excitación, se tiene un efecto positivo, pero decae con rapidez, incluso hasta llegar a cero, hacia el final de la acción aislada del estímulo.

c. Se observa la oscilación del efecto, que aumenta o disminuye durante el período indicado. Este caso es simplemente una lucha de dos procesos opuestos, pues al comienzo de la acción aislada de los estímulos condicionados, se desarrolla la inhibición, que en todos los reflejos condicionados son reflejos retardados, es decir, reflejos en los cuales el proceso de excitación es anticipado, debe ser retenido en su efecto durante un plazo más o menos largo por el proceso inhibitorio, debe ser momentáneamente apartado" (Pávlov, 1955o, pp.318-319).

9.7. Importancia de la fuerza de los procesos de la ANS y su relación con la TSN.

"La importancia de la fuerza de los procesos nerviosos resulta clara por el hecho de que en el ambiente circundante tienen lugar –con mayor o menor frecuencia–, acontecimientos extraordinarios, singulares, estímulos de gran intensidad, frente a los cuales surge naturalmente, no pocas veces, la necesidad de deprimir, de inhibir, los efectos de estos estímulos por exigencias de otras condiciones exteriores, tanto o más poderosas. Y las células nerviosas deben soportar esas sobrecargas extraordinarias de su función. De aquí surge también la importancia del equilibrio, de la igualdad de los procesos nerviosos. Y puesto que el ambiente que rodea al organismo oscila constantemente y con frecuencia, con fuerza y en forma inesperada, ambos procesos deben alcanzar, por así decir, esas oscilaciones, o sea, deben poseer una movilidad elevada, una capacidad de ceder lugar, de dar preeminencia a uno u otro estímulo, al excitador sobre el inhibidor o viceversa, según las exigencias de las condiciones exteriores. Sin tener en cuenta los casos intermedios y considerando solo los casos extremos, los límites de la oscilación: fuerza y debilidad, igualdad y desigualdad, labilidad e inercia de ambos procesos, tenemos ya ocho combinaciones, ocho posibles complejos de las cualidades básicas del sistema nervioso, ocho tipos de este sistema. Si agregamos que en caso de desequilibrio, el predominio puede pertenecer, hablando en términos generales, ya sea a la excitación o a la inhibición y que en cuanto a la movilidad, la inercia o la labilidad, pueden ser cualidad de uno u otro de los procesos básicos, la cantidad de combinaciones posibles se extiende ya a veinticuatro. Finalmente, si tomamos solo las variaciones groseras de las tres cualidades fundamentales, aumenta en forma extraordinaria el número de las combinaciones posibles. Sin embargo, solo una observación asidua y lo más amplia posible, podrá determinar la presencia, frecuencia e intensidad de unos u otros de estos complejos generales de las propiedades de los tipos de función nerviosa realmente existentes" (Pávlov, 1955o, pp.302-303).

9.8. Indicadores de la intensidad o fuerza de la inhibición y su relación con la TSN.

"La fuerza del proceso inhibitorio se determina en forma absoluta y no relativa, ante todo con la prueba de su duración, es decir, estableciendo cuánto tiempo puede soportar la célula un estado de inhibición. El fundamento de esta diferencia consiste en lo siguiente: así como en los animales fuertes y desequilibrados, tampoco los débiles soportan una prolongada inhibición estacionaria, se perturba en forma temporal todo el sistema de reflejos condicionados o se llega a una perturbación crónica. En los fuertes, porque en ellos existe un proceso de excitación extraordinariamente fuerte, al que no corresponde con una sobrecarga del proceso inhibitorio (debilidad relativa del proceso de inhibición). En los débiles pueden estar disminuidas la excitación y la inhibición (debilidad relativa)" (Pávlov, 1955o, p.319).

"El segundo índice esencial de la fuerza del proceso de inhibición lo constituye su capacidad de concentrarse rápida y exactamente. Por lo general, cuando comienza la elaboración de un proceso inhibitorio en un punto determinado, irradia al principio en todos los casos y produce una prolongada inhibición consecutiva. Pero si el animal tiene una inhibición fuerte, es infalible que la concentra en forma creciente al transcurrir el tiempo, por último, la inhibición consecutiva desaparece total o casi totalmente. Con una inhibición débil, ésta persiste en mayor o menor grado para siempre" (Pávlov, 1955o, pp.319-320).

"Otro índice de la fuerza o debilidad del proceso de inhibición, es la rapidez con la que se forman los reflejos condicionados inhibitorios. El retardo en la formación del proceso de inhibición puede deberse a la gran fuerza del proceso de excitación, es decir, a la debilidad relativa del proceso inhibitorio o a su debilidad absoluta. Más demostrativa aún, es la forma en que concluye la elaboración y, aunque ésta se prolongue algunas veces, el proceso inhibitorio queda siempre incompleto, lo que es más frecuente en el caso de debilidad relativa con una excitación intensa, o resulta muy insuficiente y presenta oscilaciones constantes, incluso hasta su completa desaparición, lo que es habitual, en los animales débiles, con una debilidad absoluta del proceso inhibitorio.

Esta debilidad se expresa también en que el reflejo condicionado inhibitorio solo puede ser obtenido en una forma casi completa, cuando ocupa el primer lugar en el experimento y es anterior a todos los reflejos condicionados positivos. Si se lo intercala entre estos últimos, se llega a su desinhibición significativa o casi absoluta.

Finalmente, la debilidad absoluta del proceso de inhibición se manifiesta en la reacción del animal al bromo. En los perros débiles, éste resulta útil, provechosa; con dosis muy pequeñas, desde algunos decigramos por día, se sostiene en ellos una actividad reflejo-condicionada suficiente. Este hecho debe ser interpretado así: puesto que el bromo refuerza como es indudable, el proceso de inhibición, el animal con debilidad congénita de este proceso solo puede soportar un pequeño refuerzo por efecto del bromo" (Pávlov, 1955o, p.320).

"El siguiente hecho tal vez pueda ser aprovechado para

apreciar la fuerza o debilidad del proceso inhibitorio. Cuando se elabora una diferenciación a algún estímulo positivo, se observan habitualmente dos resultados opuestos: el efecto del estímulo positivo aumenta o, por el contrario, disminuye con respecto a lo que era antes de comenzar la diferenciación. ¿Qué indica uno u otro de estos resultados en cuanto a la fuerza de los procesos nerviosos? Se puede suponer que se trata aquí, en especial, de la fuerza o debilidad del proceso inhibitorio: que en el primer caso es fuerte, se concentra, y condiciona la inducción positiva; en el segundo, el proceso de inhibición es débil y se expande provocando en forma permanente la disminución del efecto del estímulo positivo. Al confrontar lo expuesto con otros índices más definidos de la fuerza de los procesos, puede establecerse, en forma más precisa, el mecanismo de este hecho" (Pávlov, 1955o, p.321).

10. Movilidad de los procesos de la ANS, y su importancia en la vida socialmente equilibrada o normal, y la psicopatológica animal y humana.

10.1. Representación de los procesos de la ANS en un mosaico dinámico.

"El debilitamiento del proceso de excitación hace que predomine el inhibitorio, tanto en general como en diversos aspectos parciales, en forma de sueño y de estados hipnóticos con sus múltiples fases" (Pávlov, 1955j, p.366).

"De modo que el estado de vigilia de la actividad en el hombre y en el animal consiste en una fragmentación dinámica y, al mismo tiempo, localizada del estado de inhibición y de excitación en el córtex; fragmentación más o menos extendida que ofrece un contraste con el estado somnoliento, en el que la inhibición se halla en la cumbre de su intensidad y de su expansión, abarcando uniformemente toda la masa de los hemisferios y otros estratos más bajos. Sin embargo, durante el sueño algunos puntos de excitación pueden permanecer en actividad en la corteza: equivalen a puestos de guardia, de vigía. Por consiguiente, en el estado de vigilia los dos procesos pueden quedar en un equilibrio dinámico, en una especie de mutua competición. Cuando un gran número de estímulos, internos y externos desaparece repentinamente del córtex, el proceso de inhibición predomina sobre el de excitación. Los perros a los que se les han destruido los principales exteroceptores (óptico, auditivo y olfativo) pueden dormir hasta 23 horas por día" (Pávlov, 1976c, pp.35-36).

Refiriéndose a los reflejos condicionados, Pávlov (1929, p.37) escribió "cualquier estímulo, absoluto no condicionado o algún estímulo condicionado firmemente establecido, evoca un estado de actividad nerviosa en partes definidas del cerebro que según la terminología conocida, corresponden a centros de actividad nerviosa. No obstante, esa palabra no debe implicar la idea de localización anatómica de una función". Puesto que "las actividades de los hemisferios cerebrales se deben considerar como un verdadero mosaico dinámico de funciones. Todos los puntos corticales individuales que forman el mosaico de funciones, en cada momento determinado, tienen una significación fisiológica muy definida, mientras que el mosaico total de funciones está integrado en un sistema dinámico complejo, que conduce de un modo constante a la unificación de actividades individuales. [Así], cada nueva influencia localizada, ejerce su acción sobre una mayor o menor extensión de todo el sistema" (Pávlov, 1929, pp.238-239).

Hay que destacar que la grandiosidad del genio y método de Pávlov, le permitieron identificar primero, y después representar fielmente, lo que en la actualidad corroboran los modernos procedimientos de visualización de la actividad de los hemisferios cerebrales. Nos referimos a que la actividad funcional cortical identificada por Pávlov, vía el análisis de la conducta refleja, como estereotipos dinámicos y que fue representada como un "mosaico de funciones", es en todo, exacto a la neuroimagen que nos proporciona actualmente el PET (tomografía de emisión de positrones que permite visualizar el grado de actividad, por consumo de glucosa, de las distintas zonas de los hemisferios cerebrales).

"Durante el periodo de excitación de tales centros, todos los estímulos externos que afectan al animal al mismo tiempo, serán dirigidos a los centros excitados y que están en actividad especial y, de esta forma, las vías por donde todas esas excitaciones caminan hacia los hemisferios, se harán muy marcadas y expeditas". Además, los estados de excitación e inhibición, bajo la influencia de estímulos externos e internos en un momento determinado son favorecidos, automatizados y fijados por la repetición de esos estímulos. De este modo, se obtiene un estereotipo o sistema dinámico [funcional]. Su mantenimiento exige un esfuerzo nervioso que decrece paulatinamente; el estereotipo se vuelve muy difícil de modificar, de someter a una nueva situación, a nuevos estímulos. Por ello, cualquier modificación en el entorno, en el estímulo o en la condición de la ANS, dará lugar a la modificación del estereotipo con el que responde el animal" (Pávlov, 1929).

Por ejemplo, "esta es la única interpretación posible de los hechos, y sobre ella hemos realizado los experimentos con inyecciones de apomorfina y con morfina (experimentos del Dr. H. A. Podkopaef y del Dr. Krylof) "un perro sometido a varias inyecciones de apomorfina en el mismo laboratorio, cuando lo sujeta un desconocido no sucede nada, pero cuando se presenta el operador que habitualmente lo inyecta, el perro se intranquiliza y se relame; en cuanto el operador le frota la piel, aparece una abundante secreción y el habitual movimiento emético o de vómito consecuente a la inyección. El perro privado de paratiroides o con fístula de Eck y ligadura de la vena porta, rechaza la carne que se le ofrece y que antes de las operaciones la recibía con el mayor agrado. Es evidente, por una parte, que en estos casos, el perro, ante la sola presencia de la carne, sufre las mismas excitaciones patológicas que las provocadas por la intoxicación debida a los productos tóxicos derivados de la digestión de la carne en tan anormales circunstancias. El centro salival puede ser excitado, bien por los estímulos venidos de la corteza cerebral, o bien directamente (anatómicamente) por una sangre alterada en su composición" (Pávlov, 1929, pp.35-37), tal y como sucede, también por ejemplo, en la insuficiencia renal.

Además, hay que agregar, como lo señaló Pávlov (1929, pp.44) "que las innumerables fluctuaciones individuales del medio externo e interno del organismo pueden cada una de ellas, ya aislada, ya colectivamente, ser representadas por cambios definidos en el estado de la célula cerebral, adquiriendo esos cambios, las propiedades de un estímulo condicionado...".

En conclusión, "teniendo en cuenta que el córtex contiene una multitud de puntos, excitados e inhibidos, relacionados tanto con el mundo exterior (visión, audición, etc.) como con el interior (motilidad, etc.), podemos deducir que constituye un mosaico grandioso en que alternan puntos de calidad distinta y en que los procesos de inhibición y excitación se hallan en diversos grados de intensidad" (Pávlov, 1976c, p.34).

10.2. La movilidad, el carácter e indicadores de la ANS en estado normal y en desequilibrio.

"Por supuesto, la actividad nerviosa superior normal o, empleando la terminología corriente, la actividad psíquica, tanto del hombre como de los animales, se basa en el curso normal de los procesos de excitación e inhibición y sus propiedades" (Pávlov, 1955l, p.333)[13].

"Las condiciones que alteran el equilibrio nervioso es la sobrecarga de la movilidad de uno u otro proceso, sea el de excitación, o el de inhibición. También puede alterarse mediante el choque directo de ambos procesos opuestos (Pávlov, 1955c, p.354), esto es, la sucesión rápida entre ellos.

"Las alteraciones patológicas de la actividad nerviosa superior modifican: 1.- la fuerza de los dos procesos nerviosos, excitatorios e inhibitorios; 2.- la correlación o equilibrio de fuerzas entre ambos, y 3.- su movilidad (Pávlov, 1955j, p.363).

"El debilitamiento del proceso de excitación hace que predomine el inhibitorio" (Pávlov, 1955j, p.366), por ejemplo, en forma de sueño. "También el proceso inhibitorio debilitado lleva a un predominio normal del proceso opuesto" (Pávlov, 1955j, p.367).

"Las alteraciones en la movilidad de los procesos excitatorio e inhibitorio de la actividad nerviosa superior se presentan como: **labilidad** [debilidad, fragilidad, inestabilidad], que se desarrolla y concluye rápidamente, y como **inercia patológica** [persistencia] o "prolongación del proceso" (Pávlov, 1955j, pp.366-367; Pávlov, 1955l, p.336).

"Las alteraciones patológicas en la movilidad **del proceso excitatorio** se presentan como: **Labilidad** [fragilidad, inestabilidad o debilidad en la movilidad del proceso]. Consiste en reacciones impetuosas, inusitadas; en una extraordinaria reactividad o explosividad y sensibilidad del proceso de excitación, pero con un rápido agotamiento consecutivo. **Inercia.** Consiste en la persistencia del proceso de excitación que no obedece a los estímulos inhibitorios habituales. Se relaciona con los fenómenos de estereotipia, ideas obsesivas y paranoia" (Pávlov, 1955l, p.336; Pávlov, 1955j, pp.366-367), esto es, en perseveración e iteración, neurosis obsesiva, y delirios paranoicos respectivamente.

"Las alteraciones patológicas en la movilidad **del proceso inhibitorio** de la actividad nerviosa superior se presentan como: **Labilidad:** se desarrolla y concluye rápidamente. La debilidad o insuficiencia de la inhibición lleva a un predominio del proceso excitatorio, en forma de alteración de las diferencias, del retardo.

Se manifiesta en forma de agitación, impaciencia, furor, y en fenómenos patológicos como la excitabilidad neurasténica, y en estados de carácter maníaco, etc. **Inercia**. Consiste en una inhibición que se hace más prolongada, exagerada e inútil, que se manifiesta, con fenómenos patológicos, como: estados hipomaniacos [ociosidad, poco dinamismo], y es desde el punto de vista subjetivo, un evidente estado de miedo, de temor o fobia". La condición para que aparezca es lo que puede ser llamado "tormento del proceso inhibitorio" (Pávlov, 1955l, p.336; Pávlov, 1955j, pp.367, 368).

10.3. La movilidad de los procesos nerviosos (inercia y labilidad), y sus fundamentos experimentales.

"Con el fin de revelar la movilidad de los procesos nerviosos, se ideó el método que consistió en la aplicación de un estímulo que se reforzaba y se dejaba de reforzar en forma regular y rítmica, lo que condicionó la alternancia correspondiente de los procesos de excitación e inhibición lo que, sin embargo, debe ser demostrado en forma más rigurosa. Variando sistemáticamente la duración del intervalo entre estímulos reforzados y sin reforzar y confrontando los resultados obtenidos, será posible captar la singular importancia que tiene en ello la movilidad de los procesos nerviosos. Lo descrito acaba de ser experimentado en nuestro perro. Después de la última interrupción veraniega, el animal logró, al fin, el *ritmo* que se le exigía, con intervalos de 5 minutos entre los estímulos habituales para él. Al disminuir los intervalos a tres minutos, empeoró en forma marcada la constancia del ritmo. En consecuencia, el éxito de la elaboración del ritmo en distintos animales estará determinado por los intervalos, o sea, por la distinta movilidad de los procesos nerviosos. Cuanto mayores sean los intervalos exigidos, menor será la movilidad, e inversamente (Pávlov, 1955o, pp.322-323).

"Otro experimento consiste en la elaboración no habitual de un estímulo condicionado a un agente externo, que se aplica varias veces en el curso de la experiencia, intercalándolo entre los otros estímulos condicionados que previamente se elaboraron, y reforzándolo recién en la cuarta aplicación… Solo la gran movilidad de los procesos nerviosos, es decir, la aparición y el cese rápidos de todos los otros estímulos que intervienen en el experimento, incluyendo, por supuesto, el acto de comer, pudo condicionar la feliz resolución de la tarea. Es preciso agregar que este difícil problema fue resuelto por otro perro, si bien a lo largo de un prolongado período y con una grande y penosa tensión" (Pávlov, 1955o, p.323).

"Ciertas formas patológicas, observadas en nuestros perros al resolver problemas nerviosos difíciles y que se manifiestan en un estado patológico de puntos corticales aislados, a las que pertenecen el carácter explosivo y la inercia del proceso de excitación, deben ser referidas también a las modificaciones de la movilidad de los procesos nerviosos." (Pávlov, 1955o, p.325).

10.3.1. Inercia.

"Si actuamos con nuestros métodos patógenos sobre la célula, podemos transformar en extraordinaria la inercia de su proceso excitatorio, que se torna patológica, en forma tal que la célula persiste indefinidamente en su estado de excitación" (Pávlov, 1955l, p.336).

La persistencia de la reacción motora orientada al ruido, a pesar de no reforzarse; la inercia patológica del proceso excitatorio que evitaba la instalación del proceso inhibitorio, como resultado del intento de inversión de significados de estímulos condicionados (excitatorios e inhibitorios); la resistencia a la extinción del estímulo transformado: en la velocidad (lentitud en el decrecimiento gradual aunque insuficiente), y en la profundidad de la extinción (no se acercaba a cero); casi no se notaba la extinción secundaria (disminución en la escala habitual de los otros estímulos condicionados que lo sucedían); durante la extinción de otros estímulos condicionados, y como consecuencia de ello, el estímulo estudiado, no se debilitaba, en tanto que otros estímulos positivos sí se debilitaban marcadamente y se mantenían en ese estado. Al fenómeno patológico indicado se le pueden asignar algunas denominaciones descriptivas: estancamiento, inercia no habitual, concentración aumentada, tonicidad excesiva. En lo sucesivo, emplearemos preferentemente el término "inercia patológica" (Pávlov, 1955d, pp.286-287).

"No puede considerarse fantástica la conclusión que sigue. Así como es evidente que la estereotipia, la iteración y la perseverancia, tienen su base natural en la inercia patológica del proceso de excitación en distintas células motoras, el mecanismo de las neurosis obsesivas y de la paranoia debe ser el mismo. Solo que aquí se trata de otras células o grupos de células ligadas con nuestras sensaciones e imágenes. De este modo, solo una serie de sensaciones e ideas vinculadas a las células enfermas se hace anormalmente resistente y no obedece a las influencias inhibitorias de otras numerosas sensaciones e imágenes" (Pávlov, 1955c, p.360).

10.3.2. Labilidad.

"También es posible frustrar –empleando una expresión que nos es habitual en el laboratorio–, transformar en patológico el estado de inhibición. Aumentando en exceso y no gradual, sino bruscamente, la duración del proceso inhibitorio en la célula mediante el estímulo exterior correspondiente, debilitamos en forma extraordinaria la función inhibitoria de la misma, la anulamos casi por completo. En este sentido, el proceso inhibitorio está menos estudiado que el de excitación" (Pávlov, 1955l, p.336).

"Habitualmente la inhibición se manifiesta también en formas diversas en cuanto a su movilidad, se desarrolla y concluye rápidamente, o por el contrario se hace más prolongada. En consecuencia, el proceso inhibitorio tiene lugar, normalmente, en forma inerte o en forma lábil... No obstante, ello también es posible llevarlo a un estado patológico, en lo que se refiere a la inercia" (Pávlov, 1955l, pp.336-337).

"¿Pero ¿cómo es posible debilitar, enfermar al proceso de excitación? Para esto debemos actuar sobre la célula en la que tiene lugar el referido proceso, mediante un fuerte agente exterior, de intensidad no habitual; en esta forma sobrecargamos el trabajo de la célula, sobrecargamos su proceso de excitación, que se transforma luego en patológico. Análogamente se puede transformar el proceso inhibitorio en patológico, por medio de una sobrecarga…

Es ya del conocimiento de ustedes cómo obtenemos la inhibición por medio de los estímulos condicionados negativos. Supongamos que cierto estímulo condicionado inhibitorio haya provocado durante medio minuto una inhibición permanente en su célula, y que ésta lo soportara muy bien; después continuamos en forma expresa con dicho estímulo durante 5 a 10 minutos. Una célula fuerte puede soportar esto, pero en la débil se interrumpe la inhibición y su actividad se hace patológica, se modifica de distinta manera…

Por último, en tercer lugar, se pueden transformar en patológicos tanto el proceso de excitación como el de inhibición, cambiando con rapidez, sin intervalo, el estado inhibitorio de la célula en excitatorio y viceversa. Hecho al que habitualmente denominamos derrumbe o choque de los procesos de excitación e inhibición" (Pávlov, 1955l, p.334).

"Es preciso dejar constancia que el provocar un estado patológico de la actividad nerviosa superior, por medio de nuestros métodos, es a veces tarea fácil. *Pero condicionada* por los tipos de sistema nervioso, se observa una enorme diferencia, en cuanto a la facilidad con que se provocan dichos estados patológicos" (Pávlov, 1955l, p.337).

11. Condiciones, técnicas y leyes a tomar en cuenta en el

estudio de la ANS.

11.1. Reflejos positivos y negativos, excitatorios e inhibitorios.

"Los reflejos, del mismo modo que los dispositivos de transmisión del movimiento de las máquinas hechas por la mano del hombre son de dos clases: positivos o excitadores, y negativos, suspensivos o inhibidores..." (Pávlov, 1929, p. 8).

11.2. Elaboración del reflejo condicionado de primer orden.

"La condición fundamental para que se produzca un reflejo condicional es la coincidencia en el tiempo, una o varias veces consecutivas, de una excitación neutra con un estímulo incondicionado. Esta reacción se produce con un máximo de rapidez y un mínimo de dificultades cuando el primer estímulo precede inmediatamente al segundo.

"El reflejo condicional puede ser elaborado con cualquiera de los reflejos incondicionales y con cualquier agente del medio interior y exterior, bien en sus formas elementales, bien en las más complicadas, con una sola restricción: en los hemisferios cerebrales deben existir elementos de recepción capaces de percibir el agente en cuestión. Estamos frente a una vasta síntesis llevada a cabo por esta parte del encéfalo" (Pávlov, 1976c, pp.29-30).

11.3. Elementos necesarios para elaborar el reflejo condicionado de segundo orden.

"El reflejo condicional ya elaborado puede servir de base para formar uno nuevo, habiéndose demostrado incluso, últimamente de modo terminante en perros, que dos excitaciones neutras repetidas, una tras otra, entran en relación y pueden provocarse mutuamente" (Pávlov, 1976c, p.29).

11.4. Reflejo condicionado retardado o de huella.

"En el reflejo condicionado retardado, hay un período de

retardo –o período latente, como lo llamábamos antes–" (Pávlov, 1955o, p.311).

"Se elabora un reflejo condicionado retardado en el cual un estímulo condicionado se prolonga siempre durante tres minutos, antes de que intervenga el estímulo incondicionado. Cuando dicho reflejo ya ha sido elaborado, en el primer minuto no hay ninguna reacción visible del estímulo condicionado; el efecto comienza en la mitad o al finalizar el segundo minuto, y el máximo se manifiesta solo al tercer minuto. De este modo, el reflejo condicionado consta de dos fases exteriores: la inactiva y la activa. Sin embargo, mediante experimentos especiales se establece que esta primera fase no es nula, sino inhibitoria" (Pávlov, 1955g, p.240).

11.5. Generalización.

"Las terminaciones periféricas están especialmente dotadas para transformar una determinada clase de energía (sea interior o sea externa), en un proceso de excitación nerviosa que inmediatamente es conducido a las células específicas, poco numerosas, de los segmentos inferiores del sistema nervioso central, al igual que a las innumerables células especializadas de los hemisferios cerebrales. Desde allí, el proceso de excitación nerviosa se expande irradiando hacia otras células situadas a mayor o menor distancia. Esto explica que cuando, por ejemplo, elaboramos un reflejo condicional a partir de un tono determinado, los demás tonos, e incluso otros muchos sonidos, provocan la misma reacción condicional. En la fisiología de la actividad nerviosa superior este fenómeno se llama generalización de los reflejos condicionales" (Pávlov, 1976c, p.30), y corresponde al proceso de irradiación de la actividad nerviosa excitatoria e inhibitoria.

11.6. Análisis y síntesis.

"¿Qué es el análisis en tanto que fenómeno nervioso? Se presentan aquí varios fenómenos fisiológicos distintos.

El análisis descansa, ante todo, en la actividad de las terminaciones periféricas de todos los nervios aferentes del organismo" (Pávlov, 1976c, p.30). En otras palabras, el análisis nervioso se inicia en el proceso de transducción de la energía física en nerviosa y que ocurre en los receptores (extero e interoceptores).

Ese proceso, que ocurre a nivel del sistema nervioso periférico, también ocurre en el sistema nervioso central y, particularmente, en diferentes niveles y estructuras que siguen las vías nerviosas en el encéfalo, lo que permite finalmente que el organismo sea capaz de realizar el análisis, diferenciación, descomposición o discriminación de los elementos constituyentes de su entorno.

"La síntesis es, evidentemente, un fenómeno de conexión nerviosa" (Pávlov, 1976c, p.30). "La síntesis se realiza mediante el proceso del lazo condicionado... El análisis, la diferenciación de los agentes condicionados positivos de los inhibitorios, se basa en el proceso de inducción recíproca. La rotura del lazo entre los distintos estímulos positivos y los reflejos incondicionados se logra por medio del proceso de concentración. De modo que para un análisis exacto, se requiere una intensidad bastante elevada de los procesos de excitación e inhibición" (Pávlov, 1955e, p.256)[14].

"Si llegan a ser plenamente confirmados nuestros experimentos mediante repeticiones y variantes, tal vez viertan algo de luz sobre los oscuros fenómenos de nuestro mundo subjetivo, que atañen a las relaciones entre lo consciente y lo inconsciente. Estos experimentos demostrarían que un proceso cortical tan importante como la síntesis, puede tener lugar también en las partes de los hemisferios que se encuentran en cierto grado de inhibición bajo la influencia de un estímulo fuerte predominante en ese momento en la corteza. Aunque este acto no se haga consciente en ese momento, sucedió y, en condiciones favorables, puede revelarse en la conciencia como un hecho y presentarse como surgido sin saberse cómo" (Pávlov, 1955a, p.174).

11.7. Alteración del estereotipo dinámico por cambios en uno solo de sus elementos.

"Con los reflejos condicionados, observamos y estudiamos en el animal normal la sistematización interrumpida de los procesos, podría decirse la tendencia hacia un estereotipo dinámico. Si formamos en un animal una serie de reflejos condicionados, positivos e inhibitorios, a estímulos de distinta intensidad, y los aplicamos durante algún tiempo diariamente, con intervalos determinados e iguales y en un orden definido, llegamos a establecer en los hemisferios un estereotipo de los procesos. Si ahora, en el curso del experimento, repetimos solo uno de los estímulos condicionados positivos –preferentemente uno de los débiles– con intervalos iguales, éste único estímulo reproducirá, con alternativas regulares, las oscilaciones de magnitud de los efectos correspondientes a todo el sistema de los distintos estímulos, como si éstos estuvieran presentes.

No solo el establecimiento del estereotipo dinámico, sino también su sostenimiento duradero, representan un serio trabajo nervioso, distinto, sin embargo, según la complejidad del estereotipo y la individualidad del animal. Por supuesto, existen también tareas nerviosas de tal naturaleza, que incluso los animales de sistema nervioso fuerte, solo pueden resolverlas después de muchos y difíciles esfuerzos penosos. Otros animales reaccionan a cada simple cambio del sistema de reflejos condicionados, como la introducción de un nuevo estímulo o la trasposición de alguno de los anteriores, con la pérdida de toda la actividad refleja condicionada, a veces, durante algún tiempo considerable. Finalmente, otros solo trabajan en forma regular con un sistema muy simplificado de reflejos, que puede componerse, por ejemplo, de dos estímulos positivos de la misma intensidad" (Pávlov, 1955g, pp.242-243).

"Nos hallamos en condiciones de suponer que *los procesos nerviosos de los hemisferios durante el establecimiento y conservación del estereotipo dinámico,* es lo que habitualmente se denomina sentimientos, con sus dos categorías fundamentales –positiva y negativa–, y con su tan amplia gradación de intensidades. Los procesos de establecimiento del estereotipo, de su perfección, mantenimiento y alteración, son los diversos sentimientos subjetivos, positivos y negativos, que se ven siempre en las reacciones motoras del animal" (Pávlov, 1955g, p.243)[15].

11.8. Inhibición.

11.8.1. Leyes básicas de los procesos de excitación e inhibición.

"Es preciso asentar que la actividad de los grandes hemisferios y de todo el sistema nervioso central, con sus procesos de excitación e inhibición, está regida por dos leyes básicas: la ley de irradiación y concentración de cada uno de estos dos procesos, y la ley de inducción recíproca.

Los experimentos sobre la actividad normal de la corteza permiten llegar a la conclusión de que en un primer momento, cuando el estímulo es débil, irradia desde su lugar de origen; cuando es medianamente intenso se concentra y cuando es extraordinariamente intenso se irradia también. Si un proceso se concentra, induce su opuesto, tanto en la periferia, mientras dura su acción, como en el sitio mismo de ésta, una vez terminada" (Pávlov, 1955e, p.250).

11.8.2. Importancia de la inhibición.

Según Asratian y Simonov (1968, pp.59-60) "el gran mérito de Pávlov, consistió en haber descubierto el papel de protección y renovación que tiene la inhibición, que es un proceso importante para la regulación y la coordinación de la actividad del sistema nervioso central; el maestro demostró, que la inhibición no es un periodo de inactividad de las células nerviosas, sino un periodo muy activo, pero de una actividad muy especial. Durante la inhibición, las células parecen desentenderse de la actividad exterior y dejar de reaccionar a los estímulos, pero su actividad se dirige al restablecimiento de su estado normal".

También se ha demostrado, según Asratian y Simonov (1968, p.60) "que en el periodo de inhibición se produce una acumulación de sustancias químicas mientras que otras disminuyen".

11.8.3. Inducción negativa (antes llamada Inhibición externa, pasiva, incondicionada).

"Surge siempre de inmediato al originarse el proceso de excitación, y dura no solo mientras se mantiene éste, sino que puede prolongarse hasta después del mismo. Su acción es más profunda, amplia y duradera, cuando la excitación es más fuerte y menor el tono positivo de la masa cerebral circundante. La inducción negativa obra tanto, entre puntos aislados del cerebro, como entre grandes secciones de éste; la llamamos inhibición externa pasiva, y podría agregarse, aún, incondicionada. Antes, denominábamos a este fenómeno, lucha de los centros nerviosos, para subrayar el predominio fisiológico de una de las funciones nerviosas" (Pávlov, 1955e, p. 251).

11.8.4. Inhibición extintiva o extinción, recuperación "espontánea", reforzamiento y, diferenciación o discriminación.

"Acorde con el movimiento y continua oscilación de los fenómenos naturales, el reflejo condicionado también debe experimentar variaciones, es decir, debe corregirse de continuo. Si por cualquier causa, el estímulo condicionado no es acompañado por su incondicionado, con la repetición pierde su efecto rápido, aunque temporariamente, se restablece de por sí, luego de un tiempo" (Pávlov, 1955g, p.233).

"El estímulo positivo no fue acompañado más por la comida[16], y se transformó en estímulo inhibitorio" (Pávlov, 1955o, p.309).

"Nuestro perro prestó atención a cuanto podía ser señal ordinaria, habitual, de la aplicación reforzada del nuevo estímulo" (Pávlov, 1955o, p.311). "Si el estímulo condicionado precede siempre durante un periodo demasiado prolongado al momento de su unión con el incondicionado, su parte alejada se muestra inactiva, como si fuera prematura y alterara el principio de economía. Si el estímulo condicionado, al acompañarse por un estímulo indiferente determinado, queda permanentemente sin refuerzo, se anula en esta combinación. Del mismo modo, si agentes próximos de igual género que el estímulo condicionado formado, actúan en un principio, después de la elaboración de éste, pierden luego poco a poco su acción si se los repite sin el acompañamiento del estímulo incondicionado, sin refuerzo, como decimos habitualmente. En virtud de lo expuesto, se realiza la diferenciación" (Pávlov, 1955g, pp.233-234). Esto es, para establecer la diferenciación o discriminación entre estímulos, a unos se les acompaña del estímulo incondicionado y a otros no, pero cuando al mismo estímulo condicionado se le deja de acompañar del estímulo incondicionado, la reacción condicionada deja de presentarse, y ocurre la extinción.

"La idea natural de cansancio es muy difícil que pueda tener lugar aquí, ya que se trata precisamente en este caso, de una excitación débil. La repetición de una excitación fuerte, en el caso de un reflejo incondicionado, no da nunca un agotamiento tan rápido" (Pávlov, 1955m, p.27).

"Expondré algunas reglas establecidas por nuestro laboratorio: todo excitante condicionado se hace fatalmente ineficaz por la repetición; la extinción del reflejo condicionado se realiza con mayor rapidez, cuanto más corto es el intervalo que separa esas repeticiones; la desaparición de un reflejo condicionado no lleva consigo la desaparición de los otros; la reaparición del reflejo desaparecido se realiza de manera espontánea, pero solo al cabo de una o dos horas y, a veces, más tiempo. Este reflejo puede restablecerse también al punto: para ello basta provocar el reflejo absoluto correspondiente" (Pávlov, 1975e, p.63).

11.8.5. Inhibición interna, activa o condicionada.

"Denominamos inhibición interna activa, y podría aplicársele el calificativo condicionada, a la forma o caso de inhibición, que aparece en forma sorpresiva, sin elaboración, no es ejercitada, y que obra permanentemente sobre el lazo condicionado, ya sea cuando el estímulo condicionado que actúa como señal de un reflejo incondicionado se aparte de éste en forma definitiva o temporal, o bien cuando se produce un gran retardo entre el comienzo del estímulo condicionado y del incondicionado. En estos casos, se origina una inhibición o retardo, respectivamente, del proceso de excitación. Fraccionándose en extremo, esta inhibición delimita y diferencia los agentes condicionados positivos de los múltiples agentes negativos cercanos, semejantes, lo que sucede de por sí en las condiciones indicadas, y aumenta y se refuerza gradualmente, siendo un proceso susceptible de ejercitación y perfeccionamiento. Dicha inhibición puede vincularse también con cualquiera de los estímulos exteriores indiferentes, si la acción de uno de los estímulos coincide durante cierto tiempo con la presencia de inhibición de la corteza. En tales condiciones, el estímulo determina la aparición del proceso inhibitorio cortical. Es evidente, después de lo dicho, que esta inhibición especial de la corteza desempeña, junto con el lazo condicionado, un papel importantísimo en la adaptación al medio, analizando en forma continua y provechosa los estímulos que provienen de él.

Esta inhibición también se desplaza y se difunde por la masa cerebral" (Pávlov, 1955e, pp.251-252).

"La inhibición cortical activa superior –interna–, es la que mantiene en forma interrumpida, conjuntamente con el proceso de excitación, el equilibrio del organismo con el medio sirve – sobre la base de la función analizadora de los receptores–, para diferenciar y dividir la actividad nerviosa que corresponde a las condiciones y al momento dado, de la que no corresponde – extinción, diferenciación, retardo–" (Pávlov, 1955o, p.307).

11.8.6. Inhibición supramaximal.

"Como regla, cuando las restantes condiciones permanecen invariables, el efecto del estímulo condicionado es proporcional a la intensidad de las características del mismo, cumpliéndose esta relación hasta un cierto valor máximo –probablemente también exista un mínimo–. Más allá de este límite superior el efecto no aumenta, e incluso, algunas veces, disminuye. Decimos entonces que, a esta intensidad del estímulo dado, comienza a provocar no ya excitación, sino inhibición. Interpretamos el problema en su conjunto, admitiendo que cada célula cortical tiene un umbral de capacidad de trabajo" (Pávlov, 1955e, p.252), "superado el cual, ella acusa una inhibición, previniendo un desgaste funcional excesivo. El límite de la capacidad de trabajo no es constante, y se modifica, aguda o crónicamente, por agotamiento, hipnosis, enfermedad o vejez. Esta inhibición, que podría ser llamada supramaximal, se manifiesta algunas veces de improviso, pero otras solo lo hacen al repetirse los estímulos supramaximales. Es preciso admitir que se observa una inhibición análoga en las secciones inferiores del sistema nervioso" (Pávlov, 1955g, pp.237-238). "La inhibición que surge frente a un estímulo superior al máximo protege dicho umbral, y será tanto mayor cuanto mayor sea el estímulo supramaximal; en estas condiciones, el efecto del estímulo se mantiene en un máximo, lo que ocurre con suma frecuencia, o desciende cuando el estímulo supramaximal es demasiado fuerte" (Pávlov, 1955e, pp.252-253).

Según Asratian y Simonov (1968, pp.73-74) "la inhibición ultralaminar o protectora, protege a la célula nerviosa contra una excitación exagerada, extrafuerte; representa un límite. La inhibición primaria está ligada a la aparición del proceso de excitación, interviene en la regulación del umbral, y en cierta forma, libera al sistema de reaccionar ante las excitaciones sin importancia e inútiles, es un arma en contra de los "parásitos" o "ruidos fisiológicos".

12. Estados patológicos de la ANS en animales.

12.1. Producción del estado hipnótico, sus signos, fases, y extensión en los animales y el hombre.

"En los animales, como ya sabemos, los estados hipnóticos sobrevienen con relativa lentitud frente a estímulos débiles y medianos, repetidos en forma uniforme y prolongada –caso habitual en nuestros experimentos– y con rapidez, frente a estímulos fuertes –antiguo método de hipnotización de los animales–. Debemos recordar que, en este proceso, participa el método especial de formación de reflejos condicionados negativos mediante el cual los estímulos indiferentes, repetidos varias veces en forma simultánea con los que ya habían sido elaborados como inhibitorios, adquirirían también este carácter. Los procedimientos de hipnotización humana, los reproducen plenamente. El método primitivo, clásico, los llamados "pases", son estímulos débiles en la piel que se repiten con uniformidad, como en nuestros experimentos. El método que se aplica hoy, de continuo, es la repetición de palabras –pronunciadas en tono monótono–, describiendo actos fisiológicos del sueño... Esto es análogo al proceso de los reflejos en cadena y al de los reflejos condicionados positivos en cadena ya descritos... Finalmente, según Charcot, la hipnosis de los histéricos se consigue por medio de estímulos inesperados e intensos, como ocurre en el antiguo método de excitación de los animales. Es indudable que aquí pueden actuar también estímulos físicos débiles que señalan a los fuertes, es decir que, debido a su coincidencia en el tiempo, se han hecho condicionados con respecto a los fuertes. En el animal y en el hombre, los métodos de hipnotización logran su objeto, con mayor rapidez y seguridad, cuando se aplican a menudo. Una de las primeras manifestaciones de la hipnosis, es la pérdida de movimientos voluntarios y la catalepsia, es decir, que el sujeto conserva la posición impuesta por una fuerza exterior a distintas partes del cuerpo. Tal es, naturalmente, el resultado de una inhibición aislada del analizador motor –área motora de la corteza–. En estas circunstancias, las otras secciones de los hemisferios pueden funcionar en forma adecuada. La persona hipnotizada puede saber cuál es la postura que se le ha dado y querer cambiarla, pero se halla impotente para hacerlo. Todo esto se observa también en el estado hipnótico de los animales. Ya hemos mencionado cómo algunos perros conservan por completo una postura activa, aunque pierden en su totalidad los reflejos condicionados. ¡Un caso de inhibición de toda la masa de los hemisferios que no desciende por debajo de ellos! Otros animales reaccionan con salivación, sin alimentarse ante los estímulos condicionados..." (Pávlov, 1955a, pp.166-167).

También hay casos de inhibición aún más fraccionada, donde no solo queda libre la masa cerebral restante, sino que el analizador motor tampoco ha sido inhibido completamente. Se explica que en la hipnosis completa del hombre y de los animales existan reflejos tónicos locales que responden a estímulos externos adecuados. Si el estado hipnótico se presenta con formas más complejas, resulta difícil y hasta imposible, por diversas razones, registrar un paralelismo entre el proceso en el hombre y los animales... Por lo dicho, aceptamos que los estados elementales obtenidos en los animales solo deben ser empleados para un ensayo de comprensión fisiológica de las distintas manifestaciones de la hipnosis en el hombre" (Pávlov, 1955a, p.168).

Por otra parte, "es indudable que existen dos mecanismos de producción del sueño, por lo que hay que diferenciar entre el sueño activo y el pasivo. El primero es el que nace en los grandes hemisferios, basado en la inhibición activa que allí se origina, y se difunde por las partes subyacentes del cerebro. El segundo surge a consecuencia de la disminución, de la limitación de los estímulos que llegan a las secciones superiores del cerebro, no solo a los grandes hemisferios, sino también a las regiones subcorticales más próximas a ellos. Estos últimos derivan, por una parte, de las excitaciones externas que alcanzan el cerebro a través de los receptores externos, y por la otra, de las excitaciones internas, condicionadas por el trabajo de los órganos internos, que llegan al cerebro desde la región del sistema nervioso central reguladora de la actividad vegetativa del organismo" (Pávlov, 1955e, pp.254-255).

"Los primeros casos que se reconocen incuestionablemente como de sueño pasivo, son: el caso clínico descrito por Adolph Strümpell, conocido desde ya hace mucho tiempo, y los datos experimentales análogos, muy recientes, de los profesores A. D. Speransky y V. S. Galkin, quienes destruyeron en el perro tres receptores –olfatorio, auditivo y visual–, lo que motivó en el animal un estado de sueño profundo y crónico, que se prolongó semanas y meses. Otros casos clínicos de sueño pasivo llevaron a los especialistas y a algunos investigadores a admitir la existencia del llamado centro del sueño" (Pávlov, 1955e, p.255).

En consecuencia, "en el fondo, la hipnosis es lo mismo que el sueño. En esencia no difiere del sueño, solo se distingue por ciertas particularidades como, por ejemplo, la de ser un sueño que se desarrolla muy lentamente, es decir, que se limita en principio a un radio extremadamente restringido... Tomemos un perro en estado de somnolencia, de hipnosis o de sueño. ¿qué se observa en este animal?... el perro comienza trabajando y comiendo normalmente; luego vemos que saca la lengua de manera extraña y que cada vez cuelga más. Esta es la primera manifestación de una especie de parálisis funcional, de una disminución de actividad, de la inhibición del centro que, en la zona cortical motora, dirige los movimientos de la lengua. Después de cierto tiempo se le da de comer y el perro hace funcionar su lengua lenta y torpemente y, a la segunda o tercera presentación del alimento, emplea desmañadamente sus mandíbulas... Al mismo tiempo observamos, cuando se presenta el alimento al perro, que voltea su cabeza o mira al vacío, el animal se vuelve rápidamente hacia el experimentador y se lanza sobre el alimento. Transcurre el tiempo, continuamos con la experiencia y vemos que el perro tiene dificultad en acercar la cabeza al alimento. La inhibición o el sueño han ganado ya otros puntos, los que gobiernan los movimientos del cuello. Vemos luego que el perro deja de volverse hacia el alimento, de mover el cuello y de llevar el alimento a su boca. Por último, se observa una pasividad general en su musculatura esquelética: el perro se deja atar y se duerme. Asistimos, pues, de la manera más concreta, a la propagación gradual de la inhibición desde la lengua hasta los músculos cervicales y a la musculatura en general, tras lo cual, se instala el sueño. Al reflexionar sobre estos hechos no cabe duda de que la inhibición y el sueño son esencialmente el mismo fenómeno... La única diferencia entre la inhibición y el sueño consiste en que, cuando se trata de la inactividad de pequeños islotes de los grandes hemisferios, es al mismo tiempo inhibición y sueño de una célula aislada, y cuando esta inhibición, legítimamente o no, se extiende bajo la influencia de condiciones determinadas, engloba grupos celulares cada vez más amplios y se manifiesta por un estado pasivo, inactivo, de numerosos órganos que dependen de la zona dada" (Pávlov, 1975b, pp.187-188).

"Queda un hecho muy importante que confirma las consideraciones de los clínicos sobre el centro del sueño. Se trata de los experimentos de Walter Rudolf Hess, quien logró provocar el sueño por excitación eléctrica de ciertos puntos del cerebro. Considero este hecho como irrefutable. Lo acepto por completo y creo que lo reproducirán otros investigadores, pero debo decir cómo hay que entenderlo y la objeción que se puede hacer a la conclusión propuesta por Hess..." (Pávlov, 1975b, p.196).

12.2. Fases o estados funcionales de la ANS; carácter normal y perturbado de los procesos nerviosos.

"La actividad normal del sistema nervioso está condicionada, por supuesto, por el equilibrio de estos dos procesos básicos (excitación e inhibición), con sus propiedades normales" (Pávlov, 1955l, p.337). "El carácter normal de la actividad nerviosa está dado por el equilibrio de todos los procesos descritos que participan en ella" (Pávlov, 1955c, p.354).

La alteración del estado funcional de la ANS ocurre cuando "los estímulos condicionados de distinta intensidad física, en lugar de producir efectos de intensidad proporcional a la propia, como ocurre en estado de vigilia, producen efectos iguales [fase de igualación] e incluso inversos [fase paradójica], alterados. En las fases más singulares de la alteración [fase ultraparadójica] se llega a que solo actúan en forma positiva los estímulos inhibitorios, y los positivos se transforman, a su vez, en inhibitorios" (Pávlov, 1955e, p.254).

"Me referiré ahora a estados, en parte normales y en parte patológicos, de la función nerviosa de nuestros perros que, si fueran transportados al hombre, responderían a los llamados estados psíquicos. En los perros estos son: las fases hipnóticas de transición entre la vigilia y el sueño y el **reflejo pasivo defensor**" (Pávlov, 1955a, p.166).

"No cabe lugar a dudas que, al difundirse y profundizarse, **la inhibición** da lugar a distintos grados del estado hipnótico que, en su máxima difusión por los grandes hemisferios, se transforma en **sueño**. La multiplicidad y diversidad de los estados hipnóticos, que en su comienzo casi ni se diferencian del estado de vigilia, llaman poderosamente la atención, dentro de esos, las fases relacionadas con la intensidad del proceso inhibitorio, las llamadas: igualatoria, paradojal y ultraparadojal" (Pávlov, 1955e, p.254).

Además "hemos observado, estudiado e investigado la función nerviosa superior de nuestros animales por medio de reflejos condicionados, los siguientes hechos exactos: en distintos estados depresivos, inhibitorios
–con mayor frecuencia, en distintos estados hipnóticos [o de sueño]–, sobrevienen las fases: igualatoria, paradojal y ultraparadojal. En estas condiciones, las células corticales no reaccionan como normalmente lo hacen, con un efecto que corresponde –dentro de ciertos límites–, a la fuerza del estímulo; sino que, en estos distintos estados de **inhibición**, responden con los mismos efectos o contrarios a la intensidad del estímulo e incluso contrarios a su carácter, es decir, los estímulos inhibitorios producen efectos positivos y, los positivos efectos negativos. Me atrevo a suponer que esta fase ultraparadojal es la base del debilitamiento de la noción de contraste en nuestros enfermos" (Pávlov, 1955i, p.279).

"Cuando la **inhibición** se produce (en la inhibición diferencial u otras), es corriente la aparición de estados particulares de los hemisferios cerebrales. Ante todo, y en contra de la regla que en estado normal establece un paralelismo más o menos fiel entre la intensidad física del estímulo y la magnitud del efecto obtenido, [pero cuando] todos los estímulos condicionados positivos de distinta intensidad física se igualan en cuanto a su efecto, y producen el mismo efecto, decimos que estamos ante la fase igualatoria. A continuación, [cuando] los estímulos débiles producen más saliva que los fuertes y, los estímulos fuertes tienen menor efecto que los débiles" (Pávlov, 1955l, p.335), estamos frente a la fase paradójica. "Finalmente, se establece una desnaturalización completa de los hechos: un estímulo condicionado positivo permanece sin efecto, mientras que uno negativo produce salivación [en la fase ultraparadójica]. Lo mismo observamos en la reacción motriz: cuando se ofrece la comida al perro –acción de estímulos condicionados naturales– se aparta de ella, cuando la retiramos se lanza a ella. Además, "la alteración del equilibrio de todos los procesos que participan en la actividad nerviosa implica un estado patológico, una enfermedad y, a menudo, dentro de la llamada normalidad o hablando con más precisión, en la normalidad relativa, se encuentra ya un cierto desequilibrio. Surge de aquí el hecho posible de que la enfermedad nerviosa se relacione claramente con el tipo de sistema nervioso" (Pávlov, 1955c, p. 354).

"No soy clínico –he sido y soy fisiólogo– y por supuesto, ahora ya no tengo tiempo ni posibilidades de llegar a serlo. Por esta razón en mi actual informe, así como en mis incursiones anteriores en el campo de la neuropatología y psiquiatría, no me atrevo a pretender suficiente competencia desde un punto de vista clínico, al discutir el material correspondiente. Pero estoy seguro de que no me equivoco ahora, al decir que los clínicos, neurólogos y psiquiatras, deben considerar inevitablemente como fundamentales en sus campos específicos, los siguientes hechos fisiopatológicos: aislamiento completo de los puntos de la corteza funcionalmente patológicos –en el momento etiológico–, al igual que la inercia patológica del proceso de excitación y la existencia en ellos de la fase ultraparadojal" (Pávlov, 1955d, p.299).

"Si se observan los movimientos del perro cuando desaparecen los reflejos condicionados y el animal no toma el alimento, tenemos en este caso no una reacción motora alimenticia, sino lo que llamamos una reacción **defensiva pasiva**, a la que habría que denominar, reacción de miedo; el perro se encuentra en una de las fases de la hipnosis que hemos llamado paradojal, es decir, que sólo actúan los estímulos condicionados débiles y los fuertes son ineficaces. Los estímulos ópticos débiles provocan en el perro una franca reacción motora alimenticia e inmediatamente después, con estímulos sonoros, se produce una reacción *defensiva pasiva*: el animal, intranquilo, mueve la cabeza de un lado a otro, se sienta y baja la cabeza lo más posible, sin hacer el menor movimiento en dirección al dispositivo con comida. Hay que agregar a lo dicho, que nuestro animal está bien alimentado, se mueve mucho cuando lo dejamos en libertad y fuera del banco y de la pieza de experimentación, posee un apetito excelente." (Pávlov, 1955q, p.77).

"El **reflejo pasivo-defensor** se encuentra en una cierta relación con el estado hipnótico. Este reflejo consiste en que al encontrarse el animal con un estímulo exterior extraño o fuerte, sobreviene cierta inmovilidad del sistema esqueleto-motor, por vía de la inhibición. Este reflejo es provocado comúnmente por estímulos externos, extraordinarios y fuertes, características cuya aplicación es totalmente relativa. Lo extraordinario se define por oposición a aquello a lo que el animal ha sido sometido previamente, y la fuerza de la acción del estímulo externo depende del estado del sistema nervioso del animal en cuestión, de sus particularidades innatas, de su salud o su enfermedad y, finalmente, de distintos estadios de una existencia sana... Es evidente que, en un estado particular del perro, los estímulos que antes eran habituales resultan demasiado fuertes y provocan un reflejo inhibitorio. En otro perro inhibido en grado sumo, el "inteligente", no bien logramos elevar el tono de excitación de sus hemisferios, pudimos observar un considerable debilitamiento de su reflejo *pasivo-defensor*, de modo casi constante... Cuando presenciamos estos experimentos, llegamos infaliblemente a la conclusión, de lo que los psicólogos denominan miedo, cobardía, temor, que tiene como substrato fisiológico una inhibición de los grandes hemisferios y representa distintos grados del reflejo *pasivo-defensor*. Resulta así, plenamente justificado, considerar al delirio de persecución y las fobias, como síntomas inhibitorios naturales de un sistema nervioso patológicamente debilitado. Hay formas de miedo y cobardía, como la huida psíquica y posturas serviles especiales, que parecen contradecir la conclusión anterior, respecto a que en el fondo se trata de un proceso inhibitorio. Debemos admitir que son reflejos incondicionados que parten de los centros situados directamente por debajo de los grandes hemisferios y que entran en actividad, precisamente, al producirse la inhibición de éstos, como se demuestra con la desaparición de los reflejos condicionados durante este proceso" (Pávlov, 1955a, pp.172-174).

12.3. Comportamiento del perro neurótico dentro y fuera del laboratorio.

"El estado neurótico se manifiesta al no responder el animal, en debida forma, a las condiciones en que se encuentra. Esto se refiere tanto a su actuación en el laboratorio, como a su conducta en general. En cuanto a esta última, se pone en evidencia que el perro anteriormente sano ha quedado enfermo a partir de ese momento... No solo nosotros los investigadores, hemos observado con detalle la perturbación del sistema de reflejos condicionados, sino también nuestros auxiliares. Para ellos, el perro había sido obediente, estaba enseñado a seguir un orden, sabía dónde dirigirse cuando lo llevaban para realizar alguna experiencia, pero ahora, todo ha cambiado bruscamente y consideran que el perro se ha vuelto tonto o incluso loco" (Pávlov, 1955l, p.338).

Veamos un caso, "nuestro perro pertenece al tipo débil, pero en grado moderado. En las condiciones habituales trabaja en forma completamente satisfactoria. El sistema de seis estímulos positivos de distinta clase e intensidad y uno negativo, inhibitorio, empleados a diario en forma estereotipada en el mismo orden y con los mismos intervalos entre estímulos, produce continuamente en el animal idénticos efectos. La conducta del perro durante el experimento es más bien animada y tranquila. Resumiendo, es un animal útil para el estudio de los reflejos condicionados, situación ésta que hemos observado durante cinco meses, al cabo de los cuales provocamos la neurosis.

Hasta ese momento, el estímulo inhibitorio actuaba siempre durante 30 segundos solamente. En el experimento siguiente, lo aplicamos durante 5 minutos. Al día siguiente, repetimos la inhibición de 5 minutos. Y esto bastó para que el perro cambiara de forma radical, para que enfermara seriamente.

De la regularidad del trabajo con reflejos condicionados, no quedó ni rastro. Cada día se presentaba un cuadro especial. Todos los reflejos positivos disminuyeron en forma considerable y algunos desaparecieron por completo. El inhibitorio, se desinhibió. Algunas veces sobrevenía una fase ultraparadojal, es decir, el estímulo positivo quedaba sin efecto y el inhibitorio diferenciado de él acusaba un efecto positivo. Durante el experimento, el perro estaba demasiado excitado, a veces jadeante y muy intranquilo; otras, se dormía profundamente hasta roncar o bien presentaba el máximo grado de debilidad excitatoria, reaccionando con brusquedad ante las más insignificantes oscilaciones del medio. Con frecuencia, después de cada estímulo condicionado positivo, se apartaba de la comida cuando ésta le era alcanzada como de costumbre. Resumiendo, no era ya posible hablar de ningún trabajo sistemático con reflejos condicionados en este animal; solo se comprobaba, continuamente, un estado caótico extremo de la actividad nerviosa. Lo mismo se revelaba en su conducta general: resultaba bastante difícil colocarlo en el banco y prepararlo para el experimento, así como sacarlo de allí después del mismo, pues el perro se hallaba sumamente impaciente y violento. También cuando estaba en libertad, se comportaba en forma extraña: se estiraba en el piso, se acostaba sobre un costado y se arrastraba luego en esa posición hacia alguien, etc., actitud que anteriormente no había sido nunca observada en él. Los auxiliares que lo atendían, decían que el perro estaba algo loco" (Pávlov, 1955b, pp.211-212).

"En los animales que fueron llevados a la condición de enfermos, los cuadros neuróticos se presentan en forma muy variada, ya sea debido a la distinta intensidad de la enfermedad, o bien a la aparición, en primer plano, de distintos síntomas patológicos" (Pávlov, 1955l, pp.338-339).

"Las neurosis experimentales, en la mayoría de los casos, se prolongan durante meses y años" (Pávlov, 1955c, p. 355).

12.4. Producción experimental de patología de la movilidad de los procesos nerviosos y su reflejo en la vida del hombre.

Pero ¿cómo es posible debilitar, enfermar el proceso de excitación y de inhibición?

"En el laboratorio aplicamos, por lo general, un sistema de reflejos condicionados positivos y negativos, que se forman sobre la base de distintos estímulos incondicionados; los positivos sobre estímulos de distinta intensidad física y los negativos sobre estímulos que actúan en distintos aspectos. Normalmente todo este sistema se mantiene de acuerdo con reglas estrictas: existe una dependencia entre el efecto positivo y la intensidad de la excitación; el estímulo inhibitorio produce un efecto muy leve o nulo, etc. Bajo la influencia de nuestros métodos que producen estados patológicos, todas las reacciones normales, o gran parte de ellas, se debilitan y deforman" (Pávlov, 1955l, p.338).

"Las circunstancias que hasta ahora originaron neurosis en nuestros animales son: En primer lugar, estímulos demasiado fuertes o demasiado complejos; en segundo lugar, la sobrecarga del proceso de inhibición; en tercer lugar, el choque –la sucesión inmediata– de los dos procesos opuestos, y en cuarto lugar, la castración" (Pávlov, 1955k, pp.201).

Las tareas y "las condiciones difíciles que alteran el equilibrio nervioso en forma crónica son: sobrecarga del proceso de excitación, sobrecarga del proceso de inhibición y choque directo de ambos procesos opuestos, dicho de otra manera, la sobrecarga de la movilidad de esos procesos" (Pávlov, 1955c, p.354).

"Sacamos del cauce normal a los procesos de la actividad nerviosa superior y sus propiedades, transformándolos en patológicos. Para ello disponemos de tres métodos perfectamente determinados: sobrecarga del proceso de excitación, del proceso de inhibición y de la movilidad –choque o sucesión inmediata–, de los procesos nerviosos. Debo aclarar que esta es la primera vez que empleo la expresión sobrecarga de la movilidad de los procesos nerviosos, lo que denominábamos habitualmente, desmoronamiento de los procesos de excitación e inhibición" (Pávlov, 1955l, pp.333-334).

12.4.1. La castración, método para provocar neurosis orgánicas y sus síntomas.

"En los últimos tiempos, hemos provocado un considerable número de estas neurosis sobre el terreno de enfermedades orgánicas, especialmente en castrados. Es comprensible que la castración altera por sí misma las relaciones normales en el sistema nervioso y por ello dedicaré algunas palabras a describir el estado de éste en nuestros perros después de la operación" (Pávlov, 1955l, p.339).

"Uno de los síntomas patológicos más claros, es el extraordinario descenso del proceso inhibitorio, de modo tal que el perro que antes de ser castrado trabajaba en forma perfecta, en pleno acuerdo con las condiciones que actuaban sobre su sistema nervioso, se torna después completamente caótico... las observaciones de un día no se parecen a las del siguiente y a lo largo de una serie de días todo es distinto, no existe el más mínimo orden... Si se trata de tipos fuertes, su trabajo queda extraordinariamente deformado. En los tipos débiles ocurre a la inversa: algún tiempo después de la operación los perros se comportan mejor, en forma más ordenada que antes. Pero en verdad, esta relación distinta subsiste solo temporalmente, tiempo después (un mes, mes y medio), sus nervios se debilitan como en los fuertes" (Pávlov, 1955l, p.339).

12.4.2. La inercia de los procesos de excitación y de inhibición como respuesta a la sobrecarga o saturación y a la inversión discrecional del valor o carácter de los estímulos.

"Pero, ¿cómo es posible debilitar, enfermar al proceso de excitación? Para esto debemos actuar sobre la célula en la que tiene lugar el referido proceso, mediante un fuerte agente exterior, de intensidad no habitual; en esta forma sobrecargamos el trabajo de la célula, sobrecargamos su proceso de excitación, que se transforma luego en patológico. Análogamente se puede transformar el proceso inhibitorio en patológico, por medio de una sobrecarga" (Pávlov, 1955l, p.334).

"Un hecho análogo se agregó al expuesto. Se procedió a transformar a un estímulo positivo, que provoca un proceso excitatorio en negativo, y uno que provoca un proceso inhibitorio en positivo... En un perro este cambio dio resultado. En otros, el cambio, en apariencia, comenzaba a operarse, pero luego, brusca o gradualmente, todo volvía a las antiguas relaciones..." (Pávlov, 1955d, pp.283-285).

"El proceso de excitación ya no era como antes; se había hecho más estable, con menor tendencia, por así decir, a ceder lugar al proceso inhibitorio; o si no, esto se debería comprender admitiendo la existencia de un proceso inhibitorio muy debilitado y de allí, la preponderancia relativa del excitatorio. Consideremos los resultados siguientes para concluir. Ante la extinción, el reflejo decrecía bastante menos y con mayor lentitud que el de otros estímulos positivos. Otra particularidad, después de extinguirse el estímulo transformado, casi no se notaba la disminución en la escala habitual –extinción secundaria– de los otros estímulos condicionados que lo sucedían. La extinción, o en el caso de la extinción de otros estímulos condicionados, el estímulo por nosotros estudiado quedaba a menudo sin sufrir un debilitamiento inmediato, en tanto que otros estímulos positivos disminuían marcadamente y persistían así al día siguiente. Todo lo anterior, hablaba a favor de la participación insuficiente del proceso inhibitorio. Se trata de una evidente estabilidad [inercia] del proceso excitatorio, junto con el debilitamiento del inhibitorio. En esto llama también la atención el que los estímulos más alejados de las características físicas del que empleamos permanecieran normales; pero los estímulos semejantes, se acercaban mucho en cuanto a estabilidad" (Pávlov, 1955d, pp.286-287).

También, "es ya del conocimiento de ustedes cómo obtenemos la inhibición por medio de los estímulos condicionados negativos. Supongamos que cierto estímulo condicionado inhibitorio haya provocado durante medio minuto una inhibición permanente en su célula, y que ésta lo soportara muy bien; después continuamos en forma expresa con dicho estímulo durante 5 a 10 minutos. Una célula fuerte puede soportar esto, pero en la débil se interrumpe la inhibición y su actividad se hace patológica, se modifica de distinta manera" (Pávlov, 1955l, p.334).

"Con estas experiencias, hemos revelado en consecuencia, la misma anormalidad que existía en los experimentos descritos anteriormente; allí en las células del analizador motor, aquí en las del analizador acústico, allí en la sobrecarga del proceso de excitación, aquí en la caída de los procesos opuestos. Como aquí también se produce una vuelta a las relaciones normales por influencia del bromo, esto fue una nueva razón para ver, en el debilitamiento de la función inhibitoria de la célula, uno de los mecanismos del nuevo fenómeno patológico y también para comprender porqué este fenómeno se observaba en los animales castrados de tipo fuerte. Nosotros ya sabemos, desde hace tiempo, que uno de los efectos esenciales de la castración es el debilitamiento de la función inhibitoria de la célula.

Al fenómeno patológico indicado se le pueden asignar algunas denominaciones descriptivas: estancamiento, inercia no habitual, concentración aumentada, tonicidad excesiva. En lo sucesivo, emplearemos preferentemente el término "inercia patológica" (Pávlov, 1955d, p.287).

12.4.3. La inconsistencia en la diferenciación o discriminación específica transforma, en patológicos, los puntos condicionados relacionados.

"Con nuestros métodos patógenos, con los que enfermamos a toda la corteza, se puede también transformar en patológica una región cortical completamente aislada, lo que representa un hecho importantísimo y que produce una fuerte impresión. Supongamos que se obtienen en el perro una serie de distintos estímulos condicionados sonoros positivos: golpes de metrónomo, ruido, tono, chirrido, ruido de glu-glu, etc. No es difícil conseguir que de todos estos estímulos, haya uno solo que obre en forma patológica, es decir, que provoque una marcada desviación de lo normal. Mientras se aplican los restantes estímulos sonoros, el animal se comporta en forma ordenada, trabaja con toda regularidad; pero basta actuar con el estímulo patógeno, para que después de deformarse en una u otra forma la respuesta de este punto, se altere todo el sistema de reflejos condicionados y la perturbación local se difunda a la totalidad de la corteza" (Pávlov, 1955l, p.345)[18].

"Los puntos patológicos aislados pueden ser provocados en todas las secciones de los hemisferios. Veamos un ejemplo. Se transforma la excitación de la piel en diferentes lugares, en estímulos condicionados positivos, lo que puede lograrse en forma tal que la excitación de dos lugares distintos provoque un proceso de excitación normal, y que la estimulación de un tercero provoque un proceso funcionalmente patológico... Consideremos un perro de tipo excitable, es decir, que tiene un proceso de excitación extraordinariamente intenso y uno inhibitorio sin la fuerza correspondiente. Fue castrado. En su calidad de fuerte, mejoró bastante rápido. Antes de la castración, como era excitable, resultaba difícil elaborar en él la diferenciación al metrónomo. En el periodo siguiente a la castración, surgió en el laboratorio un contratiempo; quedó muy reducida la ración destinada a los animales... El reflejo al metrónomo, complicado con la diferenciación dificultosa y el hambre, se transformó en nuestro perro en patológico, mientras que todos los reflejos condicionados restantes permanecían normales. Cuando se empleaban los metrónomos, se hacía imposible el trabajo normal con los reflejos condicionados. Se ensayó dejar de utilizar el metrónomo inhibitorio, que era el que originaba una mayor dificultad, y usar solo los positivos, pero con esto no varió la situación. El bromo en este perro resultó inactivo, como ocurre en general, por causa no establecida, en los casos de enfermedad de puntos aislados de los hemisferios" (Pávlov, 1955l, p.346).

En otro caso, "se procedió a realizar una diferenciación fácil. Un punto de la piel fue transformado en positivo y otro en negativo; la excitación de uno de los puntos era reforzada por la alimentación y la del otro, no. El resultado fue el mismo. Mientras se elaboraba solamente el estímulo condicionado positivo, el perro se comportó con toda normalidad y el sistema de reflejos se mantuvo en orden. Pero no bien se comenzó a poner de manifiesto el estímulo inhibitorio, todos los reflejos cayeron y se deformaron y el perro llegó a un estado de furor extraordinario, tanto que el experimentador no podía colocar ni retirar los dispositivos de la piel, sin peligro que el perro lo mordiese" (Pávlov, 1955l, pp.346-347).

"En otros perros con este tipo de puntos patológicos aislados de la corteza, su nocividad, su estado patológico solo se revelaba en que su excitación determinaba que se alterara o destruyera todo nuestro sistema de reflejos condicionados.

Pero en ningún caso notamos que esto se acompañase por la expresión habitual del dolor en el animal. Solo en el perro referido tuvimos la clara impresión de que el contacto con la piel se había transformado en doloroso. ¿Cómo explicar esto?

En realidad, se trata únicamente de una dificultad en el cerebro, al chocar los procesos de excitación e inhibición, y esto se hizo sentir en el sistema de reflejos condicionados. ¿Pero de dónde proviene el dolor cutáneo? Evidentemente, es posible y necesario que se represente el problema de este modo. En un punto cortical determinado del perro que estudiamos, se originó una gran dificultad, como cuando resolvemos un problema sumamente difícil y sentimos en la cabeza una sensación de pesantez, un estado muy desagradable. Podemos admitir en nuestros perros un estado semejante. Es indudable que junto con esto se formó, a lo largo del curso de todos los experimentos, un lazo condicionado entre la aplicación de los aparatos en la piel y el estado de dificultad en el analizador cutáneo del cerebro y transportar en forma condicionada la lucha contra este difícil estado cerebral, al momento de la excitación de la piel, exteriorizando la lucha contra el contacto cutáneo. Pero esto no es hiperestesia cutánea. Se trata, pues, de un caso muy interesante de objetivación del proceso cerebral interno: la manifestación de la fuerza de su conexión con la excitación de la piel; en el cerebro debe representarse simplemente como una sensación particular, como pesantez, como un dolor especial. Por algo, los psiquiatras denominaron a la melancolía, dolor mental, dolor cortical, por su carácter de sensación distinta de la del dolor que experimentamos por heridas o enfermedades de otros sectores del organismo" (Pávlov, 1955l, pp.347-348).

"Los nuevos hechos expuestos aparecen como una confirmación y ampliación del hecho más general comprobado antes: es posible obtener experimentalmente en la corteza de los hemisferios, por un medio funcional –es decir, sin influencia mecánica-, un punto patológico muy bien limitado" (Pávlov,

1955d, p.287).

12.4.4. El "choque", sucesión inmediata o "simultaneidad" de estímulos con valor opuesto; sobrecarga de la movilidad de los procesos de la ANS.

"Por último, en tercer lugar, se puede transformar en patológicos tanto el proceso de excitación como el de inhibición, cambiando con rapidez, sin intervalo, el estado inhibitorio de la célula en excitatorio y viceversa. Hecho que habitualmente denominamos derrumbe de los procesos de excitación e inhibición" (Pávlov, 1955l, p.334).

En el proceso de lucha o delimitación entre los procesos de excitación e inhibición, ambos procesos "chocan" y si ambos mantienen su fuerza o intensidad producen un trastorno nervioso, una verdadera neurosis. "Por ejemplo, alguien me ha ofendido muy profundamente, y por una causa cualquiera he debido superar en mi interior este hecho, este conflicto entre los procesos de excitación e inhibición. Esto se ha repetido más de una vez. En otro ejemplo, una hija asiste a los últimos días y horas de vida a su padre, que es para ella un ser muy querido y debe fingir que todo se desarrolla en forma favorable, que espera verlo repuesto muy pronto y al mismo tiempo siente, por supuesto, una infinita tristeza; todo esto lleva sin rodeos, al quebrantamiento, a la neurosis" (Pávlov, 1955p, pp.340-341)

12.5. Identificación de las alteraciones patológicas de la actividad nerviosa; sus fases patológicas.

"Ahora bien, ¿qué es lo que ocurre como resultado de la acción de estos métodos patógenos? ¿cómo se produce la desviación de lo normal, cómo sobreviene el estado patológico de las células?" (Pávlov, 1955l, pp.334-335).

"Es sabido que al aplicar agentes de distinta intensidad física, en calidad de estímulos condicionados, a una célula completamente normal, el efecto condicionado de estos estímulos cesa más o menos paralelamente a dicha intensidad.

Ahora bien, si hemos alterado la célula mediante una sobrecarga y se ha enfermado, se obtiene otra relación de dicha célula con respecto a los estímulos. Así, si los estímulos condicionados positivos de distinta intensidad física producen un mismo efecto, decimos que estamos ante la fase igualatoria de la actividad de la célula. Si el debilitamiento progresa, es decir, si desciende aún más el límite de su capacidad de trabajo, se llega a un estado en que los estímulos fuertes tienen menor efecto que los débiles[19] (fase paradójica). Finalmente, la perturbación ulterior de la actividad de la célula se manifiesta en su falta absoluta de respuestas al estímulo positivo y el estímulo inhibitorio produce una acción positiva; a esta fase del estado celular lo llamamos ultraparadojal.

Además de este descenso del límite de la capacidad de trabajo, es decir, del debilitamiento de la excitación de la célula, se pueden observar también otras alteraciones del mismo proceso. Una de las más notorias y que ofrece interés especial, sobre todo por su aplicación en neurología y psiquiatría, es el estado de inercia del proceso excitatorio, en el cual, este se hace más persistente, tenaz y cede con menor rapidez su lugar a las influencias inhibitorias que surgen en forma legítima... El proceso excitatorio oscila, no solo en cuanto a su intensidad, sino también en cuanto a su movilidad" (Pávlov, 1955l, p.335).

"Hemos observado, estudiado e investigando la función nerviosa superior de nuestros animales por medio de reflejos condicionados, y se registran los siguientes hechos exactos: en distintos estados depresivos, inhibitorios –con mayor frecuencia en distintos estados hipnóticos–, sobrevienen las fases: igualatoria, paradojal y ultraparadojal. En estas condiciones, las células corticales no reaccionan como normalmente lo hacen, con un efecto que corresponde –dentro de ciertos límites–, a la fuerza del estímulo; sino que, en estos distintos estados de inhibición, responden con los mismos efectos, o contrarios a la intensidad del estímulo e incluso contrarios a su carácter, es decir, los estímulos inhibitorios producen efectos positivos, y los positivos efectos negativos. Me atrevo a suponer que esta fase ultraparadojal es la base del debilitamiento de la noción de contraste en nuestros enfermos" (Pávlov, 1955i, p.279).

"Si la frecuencia positiva actúa sobre una célula debilitada por alguna causa –o que se encuentra en estado hipnótico–, de acuerdo con la ley del límite, que es también un hecho exacto, la llevará al estado inhibitorio, que a su vez provocará, por la ley de inducción recíproca, un estado de excitación, en lugar del de inhibición, de la otra mitad del par asociado; es por ello que en ese momento, el estímulo ligado a esta segunda mitad no producirá inhibición sino excitación. Este es el mecanismo del negativismo. Se le alcanza alimento a un perro en estado de inhibición –hipnótica–, es decir, se lo estimula a una función positiva, comer; el perro se da vuelta y no toma el alimento. Cuando se aleja de la comida, es decir, cuando se lo estimula negativamente al inhibir la función, al cese de la alimentación, el perro se tiende al alimento.

Es evidente que esta ley de la inducción recíproca de funciones contrarias debe ser aplicada también a las ideas opuestas, vinculadas, por supuesto, a determinadas células –del habla– y que constituye también, un par asociado. A raíz del estado depresivo inhibitorio –en nuestros experimentos, la dificultad de la actividad nerviosa superior se manifiesta habitualmente como inhibición–, el fuerte estímulo de una idea produce su inhibición y por su intermedio induce la idea contraria. No es difícil advertir que esta explicación se extiende en forma natural a un síntoma propio de los esquizofrénicos: la ambivalencia, que sobreviene en presencia de un estado... sumamente profundo y difuso" (Pávlov, 1955i, p.280-281).

"El estado patológico de un punto aislado de la corteza se provoca con los mismos métodos patógenos que hemos descrito. La enfermedad se manifiesta en distintas formas y en distintos grados. La más leve modificación de este punto se expresa por un estado hipnótico crónico. En este punto, en lugar de la reacción normal entre la fuerza física del estímulo y la magnitud de su efecto, aparecen las fases igualatoria y paradojal. Con el desarrollo posterior del estado patológico, el agente deja por completo de producir un efecto positivo y provoca, en unos casos, solo inhibición, mientras en otros ocurre todo lo contrario. El reflejo positivo se hace extraordinariamente estable: se extingue con más lentitud que los normales, obedece menos a la inhibición de otros estímulos condicionados inhibitorios que le suceden, con frecuencia se destaca mucho por su intensidad entre todos los reflejos condicionados restantes, lo que no sucedía antes de la enfermedad. Esto nos dice que el proceso de excitación del punto dado se ha hecho crónico y patológicamente inerte.

La excitación de este punto patológico resulta indiferente para los puntos de los restantes estímulos o no se lo puede aplicar sin que se perturbe en una, u otra forma, todo el sistema de reflejos. Hay razón para pensar de en la enfermedad de puntos aislados, cuando predomina el proceso de inhibición o el de excitación en el punto enfermo, el mecanismo del proceso patológico consiste precisamente en la alteración del equilibrio entre los procesos opuestos: uno u otro se debilita en forma considerable y preferencial" (Pávlov, 1955c, p.359).

12.6. Indicadores sobre la movilidad de los procesos de la ANS.

"En otras condiciones nocivas, hemos producido un estado en la célula nerviosa. Esto es lo que en neurología se denomina debilidad irritable y que nosotros hemos llamado estado explosivo, en el cual, la célula se torna muy activa y responde en forma impetuosa a la excitación, pero luego se quebranta y debilita rápidamente": la labilidad patológica (Pávlov, 1955l, p.336)

"Por una parte, se observó muchas veces que el proceso

de excitación de un punto asilado de la corteza se hacía anormalmente estable: el efecto del estímulo condicionado ligado a él, no se sometía en el mismo grado que los otros estímulos a la inhibición producida por los reflejos inhibitorios preexistentes, se extinguía con lentitud y el estímulo en cuestión no perdía su acción positiva, pese a que durante semanas y meses se lo dejaba, en forma sistemática, sin refuerzo. Por otra parte, el estímulo que antes obraba normalmente producía un efecto moderado, llegaba con algún retardo, se reforzaba con el agregado de excitaciones alimenticias normales y terminaba con el acto, también normal, de la alimentación, al serle alcanzada la escudilla; luego, debido al estado patológico del punto correspondiente de la corteza, produjo un gran efecto – tanto secretorio como motor–, que apareció y se interrumpió en forma sorpresiva. Al alcanzarle la escudilla, el perro rehusaba obstinadamente el alimento. Resulta claro que existía en él una extraordinaria labilidad del proceso de excitación, por la cual éste, sobre todo al sumársele el proceso alimenticio natural, alcanzaba en breve lapso el límite de capacidad de trabajo de las células corticales, provocando una inhibición supramaximal muy intensa" (Pávlov, 1955o, p.326). "Esta inhibición podría ser llamada supramaximal" (Pávlov, 1955e, p. 253).

"La explosividad extraordinaria del proceso de excitación: ciertos reflejos condicionados aislados o todos ellos, eran causantes de un efecto secretorio, que se interrumpía aún en el curso de la acción del estímulo, y el perro ya no comía al ser reforzado el reflejo alimenticio. Evidentemente esto se relaciona con la gran labilidad del proceso de excitación que se corresponde con la labilidad excitable de la clínica humana. No son raros en los perros, en ciertas condiciones, los casos de una forma débil de este fenómeno" (Pávlov, 1955c, p.361).

"Tal vez el procedimiento especial y más exacto con el que podamos medir, en forma directa, el distinto grado de inercia o labilidad del sistema nervioso dado, sea con la ayuda de los reflejos condicionados de huella. Variando por una parte la duración del estímulo indiferente que debe transformarse en condicionado especial de huella y cambiando, por otro, el intervalo entre la terminación del agente indiferente y el comienzo del estímulo incondicionado que lo refuerza. Se debe esperar, por ejemplo, que el tiempo de demora en extinguirse la huella del estímulo interrumpido, tendrá una importancia esencial para la mayor o menor rapidez de la formación del reflejo condicionado de huella e incluso, en general, para la posibilidad de su formación. Del mismo modo, también tendrá valor la misma duración del estímulo indiferente. Puede pensarse que en el caso de un sistema nervioso inerte se manifestará con rapidez un límite mínimo de duración, dentro del cual es todavía posible la formación del reflejo de huella" (Pávlov, 1955o, pp.321-322).

"La transformación de estímulos condicionados contrarios en sus respectivos opuestos, está determinada claramente, ante todo, por la movilidad de los procesos nerviosos que ceden rápidamente ante la exigencia de las nuevas condiciones externas, lo que se demuestra en general por la dificultad más o menos grande de este procedimiento, incluso en muchos animales fuertes y equilibrados, sin hablar ya de los débiles y de casi todos los castrados, que en esta circunstancia caen en una enfermedad nerviosa crónica. Exactamente del mismo modo, la rápida formación de un reflejo condicionado, de sumo retardo, entre reflejos de corto retardo, evidencia la gran movilidad de sus procesos nerviosos. Pese al estereotipo sólidamente establecido de la acción de los otros estímulos, el nuevo proceso de excitación se sometió sin demora a las exigencias de la nueva condición, transformándose, al principio, en un prolongado proceso inhibitorio y apareciendo luego con la misma rapidez, en cuanto a su débil modificación en el curso prolongado; cambio que lo aproxima en el tiempo a un estímulo incondicionado" (Pávlov, 1955o, p.324).

También "hay que incluir en la categoría de las formas de experimentación que diagnostican la movilidad de los procesos nerviosos, a las experiencias con una transición directa de los procesos de inhibición a los de excitación y viceversa. Sabemos que en algunos perros, esta transición tiene lugar de un modo fácil y exacto; a veces, en los tipos especialmente perfectos, la preexistencia inmediata del proceso inhibitorio condiciona, debido a su inducción positiva, incluso un aumento del efecto del estímulo positivo. En los tipos débiles, esto se acompaña habitualmente de un quebrantamiento, es decir, de una enfermedad nerviosa más o menos grave.

Debemos agregar también a esta categoría de experimentos, lo que nosotros llamamos modificaciones del estereotipo, en las que el sistema de reflejos condicionados en un orden constante es alterado de una u otra manera –por ejemplo, con una ordenación completamente invertida–. En algunos perros esta modificación no tiene la menor influencia sobre el efecto de los estímulos aislados; en otros, se acompaña a veces de la desaparición completa de la reacción salival en el curso de algunos días –caso de los reflejos alimenticios condicionados–" (Pávlov, 1955o, pp.324-325).

"En cuanto a la propiedad en estudio del sistema nervioso, podemos citar otro perro, cuya conducta general hemos caracterizado más arriba –se llamaba "Solotisti"–. Durante el estudio de la función reflejo-condicionada de este perro, se reveló en especial la imposibilidad de obtener en él un reflejo alimenticio salival constante y suficiente, el que oscilaba de una manera caótica, llegando con frecuencia a cero" (Pávlov, 1955o, p.310).

"Teniendo en cuenta que Solotisti poseía procesos de excitación e inhibición muy intensos, se le presentó el siguiente problema que, aunque difícil, había sido resuelto en forma satisfactoria por otros perros; este es un problema que exige todos los recursos del sistema nervioso y principalmente la movilidad de los procesos. Se le aplicó un nuevo estímulo, cuatro veces en el curso de un experimento, pero solo fue reforzado la última vez. Nuestro perro prestó atención a cuanto podía ser señal ordinaria, habitual, de la aplicación reforzada del nuevo estímulo. Ante todo, aprovechó el golpe y el ruido de la escudilla que se movía ante sus ojos, permaneciendo sentado durante las tres primeras aplicaciones, en las que no se le daba comida. Cuando comenzaron a alcanzarle escudillas vacías entre la aplicación de los estímulos, el animal empezó a mirar para ver qué contenían y solo se levantó cuando vio comida. Si levantaban la escudilla, de modo que el perro no pudiera ver su contenido, rehusaba en general la comida y permanecía sentado, a pesar de todos los estímulos. Para que se alimentara fue necesario entrar en la pieza durante la estimulación positiva y mostrarle la comida dentro de la escudilla; únicamente entonces se alimentó. En este momento se suprimió el estímulo nuevo y dejaron de alcanzarle escudillas vacías. Solo se emplearon los viejos estímulos, por supuesto reforzados, y poco a poco comenzó a levantarse y a comer por efecto de ellos. Luego se extinguió nuevamente el reflejo a la escudilla vacía. El animal continuaba levantándose ante los viejos estímulos condicionados, pero, como era habitual en él, no siempre con salivación previa... Para conseguir en particular un reflejo salival constante, se dio al perro media ración el vigésimo día, manteniéndolo así durante diez días. No se logró el fin deseado: la reacción salival permaneció inconstante, comenzando la motriz al final del estímulo condicionado o incluso, después de ser alcanzada la escudilla ¡Qué inercia asombrosa del proceso inhibitorio! Se mantuvo al perro, luego, durante catorce días, con la cuarta parte de su ración, sin que se modificara prácticamente la situación en lo referente a los reflejos. Sobre este fondo se comenzó a elaborar una nueva diferenciación sumamente sencilla: el nuevo estímulo no era reforzado con un ritmo muy estricto. Es decir, se trataba de elaborar reflejos a un ritmo simple. Durante ocho días no se vislumbró la menor insinuación de reflejos inhibitorios. ¡Qué inercia del proceso de excitación! Suponiendo que este hecho pudiera depender en parte de una excitación alimenticia excesiva, llevamos la ración del perro hasta la mitad de lo normal. En efecto, comenzó entonces a notarse paulatinamente la diferencia en la intensidad de la reacción salival ante estímulos con o sin refuerzo. La reacción motora persistía en todos los casos, pero frente a estímulos positivos aparecía con mayor rapidez. Con el propósito de lograr una diferenciación completa, también en la reacción motora, se prolongaron los experimentos y el perro comenzó a aullar, primero antes de la experiencia y luego también durante su transcurso y trataba continuamente de salir del banco. La reacción motora ante los estímulos no reforzados se diferenció, plenamente, en algunos experimentos, pero solo al principio de éstos. Más tarde o más temprano, el perro comenzaba a evidenciar dificultad. No iba nunca a la cámara de experimentación por sí solo y cuando lo llevaban se volvía y trataba de escapar; ya en ella, prorrumpía en aullidos y ladridos, que arreciaban con la aparición de los estímulos. La conducta general del perro contrastaba extraordinariamente con la de los tres años anteriores. Para ayudarlo a lograr una plena diferenciación, le fue administrada su diaria porción de alimentos, completa. Poco a poco el animal se tranquilizó, dejó de aullar y ladrar y se dirigió gustosamente al banco; simultáneamente fue haciéndose presente la salivación, aún ante los estímulos no reforzados; después comenzó a disminuir ante todos los estímulos y llegó a cero, desapareciendo luego también, totalmente, la reacción motora a los estímulos repetidos. El perro se apartó del problema; permaneció tranquilamente acostado, espulgándose y lamiéndose durante todo el experimento, después del cual engulló con avidez las porciones preparadas. En esta forma, durante el transcurso del largo período en que se elaboró la diferenciación –siendo ésta primero difícil y luego sencilla–, hemos observado una extraordinaria inercia de los procesos de excitación e inhibición, resultando especialmente claro durante la diferenciación simple, que estuvo finalmente próxima a su completa elaboración con ayuda de la excitación alimentaria elevada, pero la acompañaba una extraordinaria excitación del animal, reveladora de la difícil situación que atravesaba su sistema nervioso. Resultó más difícil al perro cambiar el proceso de excitación por el de inhibición y, a la inversa, continuar con un procedimiento ya casi elaborado, que anular la fuerte excitación. La avidez con que comió el animal, después de la experiencia, las porciones que se le habían alcanzado, fue índice de la presencia en él de dicha excitación. Este hecho atestigua en forma evidente y sin lugar a dudas, la enorme importancia de la movilidad normal de los procesos nerviosos, así como la gran insuficiencia de ésta en nuestro perro, el que, sin embargo, ¡poseía procesos nerviosos fuertes!" (Pávlov, 1955o, pp.311-315).

12.7. Indicadores de la máxima sobrecarga de la célula nerviosa y su límite o capacidad de trabajo.

"Se trata de determinar cuál es el estímulo externo más intenso que pueda ser soportado por el animal, y que este pueda transformar, a la par de otros estímulos menos fuertes, en señal, en estímulo condicionado, durante un tiempo considerable. Con este objeto empleamos comúnmente ruidos fortísimos, en especial de matraca, poco soportables para nuestro oído. Mientras en algunos perros este estímulo, al ser reforzado, pudo transformarse en estímulo condicionado efectivo, a la par de todos los otros, llegando a ocupar el primer lugar, de acuerdo con la ley de la relación entre la magnitud del efecto y la intensidad del estímulo externo, en otros, su efecto disminuyó, según la ley del límite, comparativamente al de otros estímulos condicionados. En un tercer grupo, este ruido no llegó a ser transformado en estímulo condicionado y provocó simultáneamente la inhibición de toda la actividad reflejo-condicionada; por último, en un cuarto grupo, después de una o dos aplicaciones, dio lugar directamente a una perturbación nerviosa crónica, una neurosis, que no se desvaneció por sí sola y a la que fue preciso curar" (Pávlov, 1955o, pp.316-317).

"En los animales fuertes, al aumentar la excitabilidad alimenticia se incrementa también el efecto de todos los estímulos positivos –si dichos estímulos no son ya máximos– o, en caso contrario, solo se intensifica el efecto de los estímulos débiles. En los animales de tipo débil, el efecto de los estímulos positivos disminuye y los negativos dejan de producir la inhibición completa" (Pávlov, 1955b, p.210).

"El límite de capacidad de trabajo de las células corticales no es constante, sino que se modifica tanto en forma aguda como crónica. En el agotamiento, en la hipnosis, en la enfermedad o en la vejez, desciende más y más y, simultáneamente, crece el número de estímulos del medio exterior que resultan supramaximales, inhibitorios, frente a dichas células. Además, es preciso señalar al respecto este hecho importante: cuando la excitabilidad, la labilidad de las células corticales aumenta normal o artificialmente, por ejemplo, por acción de sustancias químicas, es decir, cuando sobreviene un trabajo celular más intenso, aumenta el número de estímulos que antes resultaban maximales o submaximales –ahora supramaximales–, y con ello se produce la inhibición, el descenso general de la actividad reflejo-condicionada" (Pávlov, 1955e, p.253).

13. Importancia del equilibrio de los procesos nerviosos y su relación con la TSN.

"La siguiente propiedad que surge ante nuestra vista y divide a los animales en nuevos grupos, es la igualdad o desigualdad de ambos procesos nerviosos opuestos: excitación e inhibición. Nos referimos aquí a la inhibición cortical activa superior –interna-, la que mantiene en forma interrumpida, conjuntamente con el proceso de excitación, el equilibrio del organismo con el medio, sirviendo –sobre la base de la función analizadora de los receptores-, para diferenciar y dividir la actividad nerviosa que corresponde a las condiciones y al momento dado, de la que no corresponde –extinción, diferenciación, retardo. La importancia de esta propiedad, en los perros con proceso de excitación muy fuerte, es la siguiente. Mientras que en ellos los reflejos condicionados positivos se forman con gran rapidez, los inhibitorios, en cambio se elaboran lentamente, con una manifiesta dificultad, siendo acompañados a menudo por una seria protesta del perro en forma de acciones destructoras y ladridos[20] o, por el contrario, tendiendo las extremidades anteriores hacia el experimentador, como suplicándole que lo libere de tal situación –esto último es menos frecuente-. En tales condiciones los reflejos nunca son inhibidos por completo y a menudo se desinhiben, es decir, empeoran considerablemente con respecto al grado de inhibición logrado con anterioridad. En estos animales sucede con suma frecuencia lo siguiente: cuando sobrecargamos en ellos la inhibición cortical, ya sea por lo sutil de la diferenciación, la repetición múltiple de inhibiciones difíciles o la duración de éstas, el sistema nervioso pierde frecuentemente en forma total, o casi total, la función inhibitoria; sobrevienen verdaderas neurosis, enfermedades nerviosas crónicas características, a las que es preciso curar, ya sea con un descanso muy prolongado, es decir, una interrupción completa de los experimentos, o bien suministrando bromo. A la par de estos animales existen otros, en los cuales ambos procesos nerviosos se encuentran a un mismo y elevado nivel" (Pávlov, 1955o, pp.306-307).

"En consecuencia, los animales fuertes se dividen en dos grupos: equilibrados y desequilibrados. Los desequilibrados con las características del descrito son frecuentes. Parecería que debiera existir también otro tipo de desequilibrados, con predominio del proceso de inhibición sobre el de excitación, pero hasta ahora no se nos han presentado casos de este tipo en una forma que resultase absolutamente indiscutible, o no hemos sabido reconocerlos, destacarlos" (Pávlov, 1955o, p.307-308).

14. Rehabilitación de los procesos neuróticos.

14.1. Tratamiento diferencial para sujetos con tipo de sistema nervioso distinto; el descanso y la alimentación insuficientes.

En un caso, "al aumentar la intensidad del estímulo ocasionó una perturbación en el retardo y la inhibición condicionada dejó de ser completa; para atenuar estos efectos, se redujo de 3 a sólo 30 segundos la duración aislada de cada estímulo del que constaba el experimento. Sin embargo, el debilitamiento del proceso inhibitorio avanzó. El retardo desapareció por completo. En un perro tranquilo, ante el mismo procedimiento, el aumento de la intensidad del estímulo hacía aparecer la **reacción defensiva**, para desaparecer luego cediendo su lugar a la alimenticia. Sin embargo, con la repetición el reflejo comenzó a disminuir su efecto secretorio salival y los reflejos ensayados durante ese tiempo con otros estímulos condicionados desaparecieron casi por completo, haciéndose presentes sólo al principio del experimento, aunque en forma muy débil. Como en esa época notamos que el perro empezaba a adelgazar y a mostrarse perezoso, *interrumpimos el ensayo y lo sobrealimentamos*, empleando entre otras cosas, aceite de hígado de bacalao; así recobró el peso inicial y se tornó animoso. *Después de este intervalo*, todos los reflejos condicionados se restablecieron, aunque en grado insignificante. El estímulo especial, causó un importante efecto secretorio salival, el que disminuyó al aumentar su intensidad, hasta desaparecer por completo; análoga observación se efectuó sobre los restantes reflejos. Más aún: comenzaron a desaparecer gradualmente todas las formas de inhibición interna, es decir, los estímulos condicionados negativos, que antes no provocaban salivación, comenzaron a dar, algunas veces, secreción salival de relativa importancia.

Debemos admitir, con certeza que la acción positiva de

los estímulos inhibitorios no significó un debilitamiento del proceso inhibitorio, sino que fue testimonio de la alteración ulterior de la excitación, representando una fase ultraparadojal de las células que antes eran excitadas normalmente.

Vemos aquí que en dos perros con distintos tipos de sistema nervioso, la influencia de idénticas condiciones nocivas se manifestó en alteraciones crónicas de diferentes sentidos. En el excitable, el proceso de inhibición en las células de los hemisferios se debilitó extraordinariamente, llegando casi a desaparecer. En el tranquilo, por lo general fácilmente inhibible, el proceso de excitación en las mismas células se debilitó en grado sumo y desapareció casi por completo. Dicho de otro modo, tuvimos ante nosotros, dos neurosis distintas, las que resultaron tenaces y duraderas y *no mostraron tendencia a mejorar, aún después de la interrupción de los experimentos.* (Pávlov, 1955s, pp123-126).

14.2. Tratamiento a la generalización del trauma mediante la repetición como aprendizaje para enfrentarlo.

"Cuando actúan sobre el animal excitaciones extraordinarias que producen una inhibición inmediata, se origina un predominio duradero de la inhibición, tal y como lo hemos observado después de la inundación de nuestros laboratorios. En esa oportunidad los perros fueron salvados con gran dificultad, en condiciones excepcionales. Los reflejos condicionados quedaron abolidos algún tiempo prolongado; después de su recuperación, cualquier estímulo más o menos fuerte, aunque hubiera sido anteriormente un excitador fortísimo o un estímulo inhibidor muy concentrado, provocaba nuevamente este estado crónico de inhibición, absoluta o sus fases. Se observó lo mismo, aunque en grado débil y por un tiempo más breve, en condiciones más aproximadas a lo normal, al transportar a los animales a un ambiente nuevo, al entregarlos a un nuevo experimentador, etc." (Pávlov, 1955p, p.52).

"Al pasar sin intervalo de la excitación mecánico-cutánea inhibitoria de cierto ritmo a la diferenciación de otra excitatoria, positiva, en el mismo sitio se produjo la perturbación de las reacciones que, se restableció gradualmente pasando por distintas fases. Al repetir la experiencia, la alteración se hizo más fugaz, hasta que el mismo procedimiento no ocasionó ya ninguna perturbación" (Pávlov, 1955p, p.51).

14.3. Protección directa o indirecta (participación de otros analizadores) vs. el descanso, "más de lo mismo", y la soledad.

"Unos días después de haberse recuperado el orden después de la gran inundación, (de cinco a diez días) [reposo obligado para el trabajo de los animales], observamos sorprendidos que, al séptimo día, en nuestro perro, completamente sano en apariencia, habían desaparecido todos los reflejos condicionados positivos: la saliva no era segregada en absoluto y el perro no tomaba el alimento que le ofrecían en forma habitual. Ahora lo notamos al colocarlo en el banco, particularmente intranquilo; no se acusaban casi reflejos condicionados y pese a lo glotón que era, no tomaba alimento, apartándose incluso de él. Actuamos entonces de la siguiente manera: habitualmente, el perro quedaba solo en el laboratorio, el experimentador se ocultaba detrás de la puerta, en la habitación contigua. Introdujimos una modificación, el doctor Speransky se sentó tranquilo junto al perro, y yo en su lugar realicé el experimento desde la otra pieza. Para satisfacción nuestra, los reflejos condicionados retornaron. Practicando este método durante algún tiempo y abandonándolo luego paulatinamente, es decir, dejando al perro solo en la habitación, primero muy de vez en cuando y luego con frecuencia, conseguimos volverlo a la normalidad.

Ensayamos luego, la acción de componentes aislados, lo que podríamos llamar una inundación en miniatura, de la siguiente manera: hicimos llegar a la habitación donde estaba el perro, por debajo de la puerta, cuidadosamente, un chorro de agua y el animal volvió al estado patológico anterior, y hubo necesidad de restablecerlos con el método antes descrito. Más aún, ya el perro en la normalidad no fue posible emplear el más fuerte de los estímulos anteriores: el timbre. Este lo inhibía y le ocasionaba, además, una inhibición posterior de todos los otros reflejos. Durante el año siguiente a la inundación, tratamos de proteger a nuestro animal de toda excitación extraordinaria, y hasta entonces pudimos restablecer el reflejo condicionado anterior producido por el timbre, de características intensas por su efecto condicionado, pero después de su primera aplicación este comenzó a disminuir, para desaparecer luego en su totalidad, debilitándose, desapareciendo o manifestando varias fases patológicas, en los reflejos restantes. Con el animal en ese estado, ensayamos dos nuevos métodos.

Nuestro perro, como ya dijimos, tiene reflejos de inhibición muy estables. Con respecto a los estímulos inhibitorios intensos, sabemos que pueden inducir y fortalecer el proceso de excitación. Es por esto que hemos obrado sobre él con estos estímulos de inhibición, es decir, con los agentes diferenciados [discriminados como productores de reacciones inhibitorias] y en efecto, hemos visto muchas veces que después de su aplicación, reaparecían los reflejos y el perro volvía a tomar el alimento si es que antes no ocurría una ni otra cosa. Vimos también que, por influencia de la inducción, las fases hipnóticas de transición comenzaban a desplazarse hacia el estado normal.

El otro método era sólo una variante de uno ya aplicado: empleamos el estímulo social, dejábamos en la pieza donde se hallaba el perro algunas prendas de vestir del experimentador y sin estar este presente, ello bastaba para que los reflejos mejorasen y se restablecieran en forma paulatina, pasando por la fase igualatoria. El traje **no era visto** por el perro, en consecuencia, **intervenía aquí el olfato**" (Pávlov, 1955q, pp.76-77; Pávlov, 1955r).

14.4. Tratamientos farmacológicos para reforzar procesos inhibitorios y excitatorios.

En un caso, de patología del sistema nervioso superior, "se interrumpieron los experimentos, es decir, se le dio un descanso; se suprimió la aplicación del estímulo inhibitorio junto a los positivos y, sin embargo, no se obtuvo mejoría en el estado del perro, el que se prolongó durante dos meses, empeorando con frecuencia. Comenzamos entonces con el tratamiento, 30 o 40 minutos antes de cada experimento, le administrábamos 0.5 gramos de bromuro de sodio. Al segundo día, sobrevino una mejoría muy manifiesta y, al tercero, el perro volvió en todos sus aspectos a la normalidad. Después de la duodécima dosis, se suspendió la administración del bromo y durante los diez días siguientes, el perro estuvo completamente normal" (Pávlov, 1955b, pp.211-212).

"En uno de nuestros perros, elaboramos como estímulo condicionado, entre otros, un ruido muy débil que provenía de la derecha y desde debajo de la mesa sobre la que se hallaba el perro. Al escuchar el ruido, el perro se aproximaba al borde de la mesa y bajaba una u otra de sus extremidades, agachando la cabeza en cuanto le era posible, en dirección hacia el centro productor del ruido... Este hecho adquirió un carácter particularmente extraño, más aún cuando se continuaron los experimentos con otros estímulos y el ruido en cuestión dejó de utilizarse. La reacción motora orientada al ruido, persistió y persiste todavía hoy, al año y medio de haberlo suprimido, sin cambio alguno. Si se aplicaban los otros estímulos, cualquiera que fuese su procedencia, el perro solo tendía hacia el lugar del primitivo ruido y únicamente en el instante de alcanzarle la escudilla con alimentos se volvía hacia ésta... Es evidente que esta reacción debe ser considerada como patológica, pues no tiene ningún sentido y contradice, en forma grosera y bien manifiesta, las relaciones reales[21]. Considerándola como tal, resolvimos tratarla y, en caso de dar resultado el tratamiento, sería por supuesto una confirmación ulterior indiscutible de su carácter patológico. Como agente terapéutico de elección, empleamos bromo, en las dosis correspondientes, por haber tenido numerosas pruebas de su ayuda decisiva en neurosis experimentales e incluso en algunos defectos congénitos del sistema nervioso. Nuestra hipótesis se confirmó al disminuir la reacción en forma marcada. Frente a otros estímulos condicionados desapareció por completo, interviniendo la respuesta motora correspondiente, adecuada, orientada hacia el lugar de cada uno de estos estímulos. El mismo fenómeno se observó luego en otros perros, en uno de ellos, el bromo eliminó en su totalidad la reacción anormal.

Sin lugar a dudas, los hechos descritos demuestran que estamos ante una alteración patológica de las células nerviosas, ante una modificación de la correspondencia normal entre los dos aspectos de su actividad –excitación e inhibición–, originándose un predominio anormal del proceso excitatorio. Habla a favor de esto la acción benéfica del bromo, agente del que se sabe a ciencia cierta fortifica la función inhibitoria de la célula. La interpretación más aproximada considera que la causa del fenómeno patológico en el experimento descrito reside en un aumento del proceso de excitación, ya que el estímulo externo de muy escasa intensidad provocó una tensión manifiesta del aparato motor en su componente locomotor general y en su parte especializada, que orienta el aparato de recepción del estímulo dado" (Pávlov, 1955d, pp.283-285).

"La diferenciación difícil, límite modificó el comportamiento normal del animal. En el perro vivaz sufrieron o desaparecieron totalmente las inhibiciones elaboradas, convirtiéndose en estímulos positivos; en el perro tranquilo, se debilitaron o desaparecieron los reflejos condicionados positivos. El perro vivaz con el proceso inhibitorio debilitado volvió a su estado normal en pocos días, gracias al bromuro de potasio. En el otro perro no fue posible restablecer los reflejos condicionados positivos, pese a todas las medidas empleadas a tal fin" (Pávlov, 1955p. p.50).

A continuación, presento otra forma de atender las neurosis de los perros "Para poder estudiar mejor al perro excitable, le suministramos durante meses, un agente terapéutico ya estudiado, el bromo, bromuro de potasio, cuya acción, es favorable a veces para reforzar la inhibición insuficiente. Todas las formas de inhibición interna comenzaron a restablecerse rápidamente y en un orden determinado: primero, la diferenciación completa; luego, la inhibición condicionada y, por último, el retardo. Al cabo de 10 días, todos los reflejos eran absolutamente normales. Además, en este perro, no se observó disminución alguna de los reflejos positivos. Resulta entonces, que administramos bromo por 11 días más y la curación fue completa, aun dos meses y medio después. El bromo es entonces, un agente terapéutico que no disminuye la excitabilidad nerviosa, sino que la regulariza.

En el caso del perro de tipo tranquilo, la neurosis no cedió por influencia del bromo ni de otras medidas adoptadas con tal fin. Por ello, lo hicimos descansar del trabajo, en los experimentos durante largo tiempo. Después de esta interrupción recobró completamente la normalidad, en forma por nosotros, inesperada" (Pávlov, 1955s, pp. 126-127).

En otro caso, "durante largo tiempo, no se logró resultado alguno con este perro. Finalmente, llegó a feliz término en esta tarea uno de mis colaboradores, la más antigua y estimada, Petrova, quien había sido antes terapeuta. El tratamiento terapéutico farmacológico empleado fueron un estimulante y un inhibidor, como la cafeína y el bromo, restauraron en este perro el estado patológico descrito y la inercia patológica que prevalecía por años, en otros" (Pávlov, 1955l, pp.347-349).

En el tratamiento de las neurosis, "admití el uso de bromo

en calidad de remedio aislado, basándome en la práctica médica; también acepté en forma aislada la cafeína, como estimulante relacionado con el proceso de excitación. Pero me opuse a su empleo combinado. Sin embargo, el terapeuta, acostumbrado en general a las combinaciones, insistió en la prueba y tuvo razón. Cuando se aplicó a un perro excitable, del que a continuación expongo sus antecedentes.

El perro en cuestión tenía un proceso de excitación extraordinariamente intenso y uno inhibitorio sin la fuerza correspondiente; ya que fue castrado; y que se extenuó sobremanera por un problema que tuvimos con las raciones de alimento. Producido este agotamiento general del sistema nervioso, el reflejo a un estímulo inhibitorio, complicado con la diferenciación dificultosa, se transformó en patológico, mientras todos los reflejos condicionados restantes permanecían normales. El bromo en este caso resultó inactivo, como ocurre en general, por una causa no establecida, en los casos de enfermedad de puntos aislados de los hemisferios. En otro experimento, con este mismo perro, se eligió una zona cutánea para producir una diferenciación más fácil: precisamente, un punto de la piel fue transformado en positivo y otro en negativo; la excitación de uno de los puntos era reforzada por la alimentación y la del otro, no. El resultado fue el mismo. Mientras se elaboraba solamente el estímulo condicionado positivo, el perro se comportó con toda normalidad y el sistema de reflejos se mantuvo en orden. Pero no bien se comenzó a poner de manifiesto el estímulo inhibitorio, todos los reflejos cayeron y se deformaron y el perro llegó a un estado de furor extraordinario, tanto que el experimentador no podía colocar ni retirar los dispositivos de la piel, sin peligro que el perro lo mordiese. Tuvimos la impresión de que el contacto con la piel se había transformado en doloroso. ¿Cómo es esto? En realidad, se trata de una dificultad en el cerebro, al chocar los procesos de excitación e inhibición. ¿Pero de dónde viene el dolor cutáneo? Es posible y necesario representarse el proceso de este modo. En un punto cortical determinado se originó una gran dificultad que debe ser sentida en forma dolorosa, como cuando resolvemos un problema sumamente difícil y sentimos en la cabeza una sensación de pesantez, un estado muy desagradable. Podemos admitir en nuestros perros un estado semejante. Es indudable que junto con esto logró formar, a lo largo del curso de todos los experimentos, un lazo condicionado entre la aplicación de los apartitos en la piel y el estado de dificultad en el analizador cutáneo del cerebro y transportar en forma condicionada la lucha contra este difícil estado cerebral al momento de la excitación de la piel, exteriorizando la lucha contra el contacto cutáneo. Pero esto no es hiperestesia cutánea. Se trata, de un caso muy interesante de objetivación del proceso cerebral interno: como una sensación pesada, como un dolor especial.

Pues bien, cuando se aplicó al perro descripto la mezcla de bromo y cafeína, bruscamente desapareció la neurosis más obstinada sin dejar rastro. Procedimos con cautela. Después de haber aplicado la mezcla de bromo y cafeína dos días, probamos al principio sólo la excitación mecánico-cutánea positiva; el efecto fue normal: Algún tiempo después, alentados por el resultado obtenido, aplicamos el estímulo negativo, obteniendo un efecto análogo: ni la más pequeña señal del estado patológico anterior.

Posteriormente formulé la hipótesis e interpretación siguiente. Es preciso admitir que en la gran mayoría de los casos de la enfermedad del sistema nervioso consiste en que se altera la correcta relación entre los procesos de excitación e inhibición. Una vez que tenemos bajo la forma de medios terapéuticos, algo así como dos palancas de transmisión a los dos sistemas principales, ambos procesos de la actividad nerviosa, entonces, poniendo en marcha y combinando como corresponde la intensidad de uno y otro, tenemos oportunidad de situar a los dos procesos perturbados en su lugar primitivo, en sus relaciones correctas. En otro caso semejante un perro tuvo durante tres años, una inercia patológica del proceso de inhibición, en el cual el proceso positivo "enfermó", el estímulo positivo se transformó en inhibitorio y, aunque en esos tres años hemos reforzado continuamente este estímulo, de nada sirvió probar con el bromo, descanso, etc. Bajo la influencia de la mezcla de bromo y cafeína, este estímulo, que durante tanto tiempo produjo una reacción patológica, produce ahora una reacción positiva normal" (Pávlov, 1955l, pp.346-349).

14.5. El tratamiento farmacológico debe considerar: debilidad de los procesos inhibitorios, tipología de sistema nervioso, fármacos y sus dosis.

"Con respecto al bromo hemos establecido, lo que ya está fuera de toda duda, que su acción no es la que anteriormente suponían los farmacólogos. Su acción fisiológica no consiste en provocar el descenso de la excitabilidad, en debilitar el proceso de excitación, sino en el aumento del proceso inhibitorio. Aunque el bromo se emplea en forma adecuada como medicamento para el sistema nervioso es, sin embargo, una verdad indiscutible que la medicina, hasta el presente, no siempre ha aprovechado en forma correcta esta eficaz arma de la terapéutica nerviosa y con frecuencia ha cometido un grave error.

Se suministra bromo en el caso de un estado neurótico. Si el bromo no actúa, se aumenta la dosis, suponiendo que la anterior era insuficiente. Pero esto sólo es exacto en una serie de casos; en otros, probablemente en la gran mayoría, hay que disminuir la dosis y no aumentarla, y a veces, debe ser disminuida en forma extraordinaria. En consecuencia, hay que hacer en medicina una gran corrección en lo que a esto se refiere. Cuando se da una dosis muy elevada, que no corresponde, no se obtiene ningún efecto útil, sino un daño, pues causa serios perjuicios al enfermo.

Por supuesto, no debemos considerar que esto es cierto

sólo en los perros y que el problema sería otro en el hombre. También en nuestra clínica de neuropatología se corroboraron estos hechos y resultó que muchos casos, la curación se logró. Precisamente disminuyendo y no aumentando las dosis de bromo, descenso que llegó hasta decigramos y centigramos en cada toma. Es una regla general en el laboratorio, que cuanto más débil es el tipo nervioso y el estado nervioso dado, menor debe ser la dosis de bromo" (Pávlov, 1955o, pp. 313-314)

"Las neurosis experimentales, en la mayoría de los casos, se prolongan durante meses y años. En neurosis prolongadas se ensayaron con éxito procedimientos curativos. Desde hace tiempo se aplica el bromo en el estudio de los reflejos condicionados, en animales que no podían vencer los problemas de inhibición, poniéndose en evidencia que el bromo beneficia esencialmente a esos animales, y se estableció, sin lugar a dudas que el bromo no tiene ninguna relación especial con el proceso de excitación; en cambio refuerza y tonifica el proceso inhibitorio, pero con la condición de una dosificación exacta y adecuada al tipo de sistema nervioso. En los perros de tipo fuerte, con un estado aún bastante vigoroso, hay que emplear dosis elevadas, y en los débiles hay que disminuirla. La saturación de este tipo con bromo, en el curso de una semana o dos, era suficiente a veces, para la curación de la neurosis crónica experimenta.

En los últimos tiempos se han venido realizando ensayos que le adjudicaron una acción terapéutica aún más eficaz y, especialmente en los casos muy difíciles, a las combinaciones de bromo con cafeína, pero siempre con dosificaciones muy cuidadosas.

La curación de los animales enfermos se lograba a veces, aunque en una forma no tan rápida ni completa, con sólo descansar, en forma breve o prolongada pero regular, del trabajo del laboratorio o alejándolos de los problemas difíciles en el sistema de reflejos condicionados". (Pávlov, 1955c, pp.355-356).

15. Alcances de la investigación experimental sobre Neurosis animal.

"Es admisible comparar la neurosis del perro con la neurastenia humana, más aún por el hecho de que algunos neuropatólogos insisten en la existencia de dos formas de neurastenia: excitada y depresiva. Se agregan también aquí algunas neurosis traumáticas y otros estados patológicos reactivos.

Debemos pensar que el reconocimiento de los dos sistemas de señales en el ser humano nos llevará a la comprensión del mecanismo de dos neurosis humanas: el histerismo y la psicastenia.

El estudio fisiológico de la actividad nerviosa superior aclara el mecanismo de las neurosis y da la clave para interpretar algunos cuadros psiquiátricos" (Pávlov, 1955c, pp.356).

16. Tipología del Sistema Nervioso (TSN).

16.1. Criterios y clasificación de la TSN.

"La alteración del equilibrio de todos los procesos que participan en la actividad nerviosa, implica un estado patológico, una enfermedad y, a menudo, dentro de la llamada normalidad o hablando con más precisión, en la normalidad relativa, se encuentra ya un cierto desequilibrio. Surge de aquí el hecho posible que la enfermedad nerviosa se relacione claramente con el tipo de sistema nervioso" (Pávlov, 1955c, p.354).

"Ya que nuestra conducta general y la de los animales superiores se rigen normalmente –se tiene en cuenta organismos sanos–, por el segmento superior del sistema nervioso central, grandes hemisferios y subcorteza más cercana, el estudio de esta actividad nerviosa superior en condiciones normales, valiéndonos del método de los reflejos condicionados, debe llevar al conocimiento de los verdaderos tipos de la actividad nerviosa, de los modelos básicos de la conducta del hombre y de los animales superiores" (Pávlov, 1955o, p.303).

"Como la inmensa diversidad de cuadros de conducta de los animales superiores, como el perro, están determinadas y regidas por el sistema nervioso; existe la probabilidad de reducir la diversidad mencionada a un número más o menos limitado de características básicas de este sistema, con sus combinaciones y gradaciones. Resultará así posible diferenciar tipos de actividad nerviosa, es decir, diversos complejos de las cualidades fundamentales del sistema nervioso. Las observaciones reunidas en muchos años de trabajo en el laboratorio y el estudio de gran cantidad de perros, según el método de los reflejos condicionados, descubrieron paulatinamente ante nosotros estas cualidades en sus manifestaciones y combinaciones vitales: 1) la intensidad de los procesos nerviosos básicos, excitación e inhibición, que componen siempre la totalidad de la función nerviosa; 2) el equilibrio entre ambos, y 3) su movilidad" (Pávlov, 1955o, p.301).

"La importancia de la fuerza de los procesos nerviosos resulta clara por el hecho de que en el ambiente circundante tienen lugar –con mayor o menor frecuencia–, acontecimientos extraordinarios, singulares, estímulos de gran intensidad, frente a los cuales surge naturalmente, no pocas veces, la necesidad de deprimir, de inhibir, los efectos de estos estímulos por exigencias de otras condiciones exteriores, tanto o más poderosas. Y las células nerviosas deben soportar esas sobrecargas extraordinarias de su función. De aquí surge también la importancia del equilibrio, de la igualdad de los procesos nerviosos. Y puesto que el ambiente que rodea al organismo oscila constantemente y, con frecuencia, con fuerza y en forma inesperada, ambos procesos deben alcanzar, por así decir, esas oscilaciones, o sea, deben poseer una movilidad elevada, una capacidad de ceder lugar, de dar preeminencia a uno u otro estímulo, al excitador sobre el inhibidor o viceversa, según las exigencias de las condiciones exteriores. Sin tener en cuenta los casos intermedios y considerando solo los casos extremos, los límites de la oscilación: fuerza y debilidad, igualdad y desigualdad, labilidad e inercia de ambos procesos, tenemos ya ocho combinaciones, ocho posibles complejos de las cualidades básicas del sistema nervioso, ocho tipos de este sistema. Si agregamos que, en caso de desequilibrio, el predominio puede pertenecer, hablando en términos generales, ya sea a la excitación o a la inhibición y que en cuanto a la movilidad, la inercia o la labilidad, pueden ser cualidad de uno u otro de los procesos básicos, la cantidad de combinaciones posibles se extiende ya a veinticuatro. Finalmente, si tomamos solo las variaciones de las tres cualidades fundamentales, aumenta en forma extraordinaria el número de las combinaciones posibles. Sin embargo, solo una observación asidua y lo más amplia posible, podrá determinar la presencia, frecuencia e intensidad de unos u otros de estos complejos generales de las propiedades de los tipos de función nerviosa realmente existentes" (Pávlov, 1955o, pp.302-303).

"Nuestros perros fueron divididos según la fuerza del proceso de excitación, es decir, según la capacidad de trabajo de las células de los grandes hemisferios, en dos grupos: fuertes y débiles. Los fuertes, a su vez, según la relación de fuerzas entre los procesos de excitación e inhibición, en equilibrados y desequilibrados. Y finalmente, los fuertes y equilibrados se subdividen según la movilidad, en lentos y rápidos. De este modo se tienen cuatro tipos principales: fuerte violento, fuerte equilibrado-lento, fuerte equilibrado-rápido, y débil" (Pávlov, 1955j, pp.363-364).

"Sobre esta base, hemos dividido a los animales fuertes y equilibrados, con un criterio semejante al aplicado por Hipócrates, en dos categorías: flemáticos y sanguíneos. Los primeros, pues, se caracterizan por la marcha relativamente lenta del proceso de excitación y los sanguíneos a la inversa" (Pávlov, 1955l, p.336).

"A estos corresponden justamente los cuatro temperamentos clásicos: colérico, flemático, sanguíneo y melancólico. Aunque también se encuentran gradaciones entre estos tipos, la realidad señala claramente, que estas combinaciones básicas son, por cierto, las más frecuentes y notorias..." (Pávlov, 1955j, p.364).

16.2. Carácter general de lcomportamiento de acuerdo con la TSN.

"Podemos ahora reconocer claramente como el genio griego, en la persona –individual o colectiva–, de Hipócrates, captó los rasgos fundamentales en medio del ilimitado número de variantes de la conducta humana...

La separación de los melancólicos del conjunto de todos los restantes, significó la división de la masa humana en fuertes y débiles... El colérico se separa del grupo de los fuertes por su violencia, es decir por la incapacidad de moderar, de contener su fuerza dentro de los límites debidos; en otras palabras, el proceso de excitación predomina sobre el inhibitorio. Quedó así establecido el principio del equilibrio entre los procesos opuestos. Finalmente, en contraposición a los flemáticos y sanguíneos se reveló el principio de la movilidad de los procesos nerviosos" (Pávlov, 1955o, p.315).

"En el tipo fuerte desequilibrado, se destacan animales con un proceso inhibitorio especialmente débil que tienen, sin embargo, una excitación muy fuerte" (Pávlov, 1955o, pp.315-316).

"En el tipo débil las variaciones se basan, ante todo, en las propiedades según las cuales el tipo fuerte se divide en animales equilibrados y desequilibrados, dinámicos e inertes. Pero en el tipo débil, la debilidad del proceso de excitación desvaloriza, por así decirlo, la importancia de las otras propiedades, transformándolo básicamente en un tipo vital más o menos inválido" (Pávlov, 1955o, p.316).

"Cuando la monotonía del ambiente experimental comenzaba a hipnotizar a nuestros animales, nos oponíamos a ello, recurriendo, entre otros recursos, a aumentar su excitabilidad alimenticia, para lo cual disminuíamos su porción diaria de alimento" (Pávlov, 1955n, p. 229).

"En los animales fuertes, al aumentar la excitabilidad alimenticia aumenta también el efecto de todos los estímulos positivos –si dichos estímulos no son ya máximos– o, en caso contrario, solo se intensifica el efecto de los estímulos débiles. En los animales de tipo débil, el efecto de los estímulos positivos disminuye y los negativos dejan de producir la inhibición completa" (Pávlov, 1955b, p.210).

"En los perros, particularmente ávidos, de violentas reacciones motoras, la vista de la carne triturada no produce secreción de la parótida, mientras que en los canes menos ávidos, más tranquilos, esta glándula segrega cierta cantidad de saliva. La secreción salival puede aparecer en los primeros en el momento en que se les muestra la carne triturada, pero desaparece mientras crece la excitación motora" (Pávlov, 1975f, pp.52-53).

16.2.1. Precauciones en la determinación de la TSN.

"Debemos detenernos en una dificultad fundamental y casi insuperable: la determinación del tipo de la función nerviosa. Las formas de conducta del hombre y de los animales están condicionadas, no solo por las propiedades innatas del sistema nervioso, sino también por las influencias que han llegado y llegan continuamente al organismo durante el tiempo de su existencia individual, es decir, dependen de la educación constante o del aprendizaje, en el sentido más amplio de estas palabras. Y por ello, porque junto con las propiedades del sistema nervioso, surge de continuo la más importante, su superlativa plasticidad; en consecuencia, si se trata del tipo congénito del sistema nervioso, es indispensable tomar en cuenta todas las influencias que el organismo en cuestión recibe desde el día de su nacimiento" (Pávlov, 1955o, p.303).

"Desde las primeras experiencias con perros, según el método de los reflejos condicionados, resaltaba ante nosotros –y ante todos–, la diferencia entre la conducta de los perros valientes y la de los cobardes. Los valientes caminaban sin resistencia, permanecían tranquilos en el ambiente del laboratorio, nuevo para ellos; los reflejos condicionados se formaban con rapidez después de dos o tres asociaciones, alcanzaban pronto gran intensidad y permanecían constantes por complicado que fuese el sistema de estos reflejos.

A los cobardes, era preciso acostumbrarlos muy paulatinamente a todo esto, durante días y semanas. En estos perros, los reflejos condicionados se formaban muy lentamente, después de decenas de repeticiones; su intensidad se elevaba en forma gradual y nunca se hacían estables, oscilando en amplitud hasta llegar a cero, por más que se simplificara su sistema. Era natural pensar que en los primeros –"valientes"–, el proceso de excitación era fuerte y en los segundos –"cobardes"–, débil. A todos los perros que nos parecieron cobardes, es decir, que poco a poco se acostumbraron a nuestro ambiente experimental, y que también elaboraban con dificultad los reflejos condicionados – y en los cuales toda la función reflejo-condicionada se alteraba fácilmente a causa de nuevas influencias de muy escasa importancia–, los relacionamos en forma infundada con el tipo débil del sistema nervioso.

Esto me llevó incluso a un grave error. Cuando llegué a considerar a estos perros como "especialistas en inhibición", es decir, "fuertes en inhibición". La duda inicial acerca de este diagnóstico se originó a raíz de la conducta externa de estos animales en un ambiente que les era conocido. Luego llamó la atención su actividad reflejo-condicionada, que resultaba perfectamente regular, pese a su gran complejidad, no bien el ambiente se tornaba rígidamente uniforme" (Pávlov, 1955o, pp.304-305).

"La comprensión definitiva del problema solo llegó gracias a una investigación especial. Tomamos –Witkovsky y Makarov–, una camada de cachorros y los repartimos: una mitad, la colocamos en jaulas desde su nacimiento; a la otra, le ofrecimos plena libertad. Todos los animales del primer grupo resultaron extraordinariamente cobardes, inhibidos por las menores modificaciones del ambiente; en los del segundo grupo, esto no ocurrió. Resultó evidente que los perros que aparecían por primera vez en el ambiente exterior manifestaban un reflejo especial, al que se denominó algunas veces reflejo de pánico, y al cual yo propondría llamar reflejo primario y temporal de protección natural. Entablado ya el conocimiento con el nuevo ambiente, es indispensable esperar durante un cierto tiempo las consecuencias de toda nueva excitación, cualquiera que sea el receptor que haya actuado; es decir, es indispensable abstenerse de todo movimiento ulterior e inhibir el movimiento existente, pues es una incógnita lo que el nuevo fenómeno promete al organismo; si resultara útil, algo nocivo o desprovisto de toda significación. Solo a medida que se traba el conocimiento en forma paulatina con el medio exterior, este reflejo es sustituido, también gradualmente, por uno nuevo, especial, el reflejo investigador, el que a su vez, de acuerdo con su propio resultado, es reemplazado por otros correspondientes. El perro al que no se le ha permitido cursar por sí solo la escuela de la vida, no podrá durante un largo lapso, y quizá durante toda su existencia, desembarazarse de este reflejo temporario que enmascara permanentemente la verdadera capacidad de su sistema nervioso. ¡Qué hecho pedagógico importante![22] El signo fiel de este rasgo que persiste en forma ilegítima, además de su oposición en muchos casos con otros rasgos innatos estables, es la acción inhibitoria, no tanto de los estímulos fuertes, sino de los nuevos, por más débiles que estos fueran –Rosenthal,

Petrova–. De este modo, la intensidad del proceso de excitación aparece ante nosotros como una propiedad del sistema nervioso. De aquí la primera clasificación de todos nuestros perros en fuertes y débiles" (Pávlov, 1955o, pp.305-306).

"La siguiente propiedad que surge ante nuestra vista y divide a los animales en nuevos grupos, es la igualdad o desigualdad de ambos procesos nerviosos opuestos: excitación e inhibición. Nos referimos aquí a la inhibición cortical activa superior interna, la que mantiene en forma interrumpida conjuntamente con el proceso de excitación, el equilibrio del organismo con el medio, sirviendo –sobre la base de la función analizadora de los receptores–, para diferenciar y dividir la actividad nerviosa que corresponde a las condiciones y al momento dado, de la que no corresponde –extinción, diferenciación, retardo–. Esta propiedad, es de suma importancia en los perros con proceso de excitación muy fuerte ya que en ellos los reflejos condicionados positivos se forman con gran rapidez, pero los inhibitorios, en cambio se elaboran lentamente, con una manifiesta dificultad, siendo acompañados a menudo por una seria protesta del perro en forma de acciones destructoras y ladridos o, por el contrario, tendiendo las extremidades anteriores hacia el experimentador, como suplicándole que lo libere de tal situación –esto último es menos frecuente–. En tales condiciones, los reflejos nunca son inhibidos por completo y a menudo se desinhiben, es decir, empeoran considerablemente con respecto al grado de inhibición logrado con anterioridad. En estos animales sucede con suma frecuencia lo siguiente: cuando sobrecargamos en ellos la inhibición cortical, ya sea por lo sutil de la diferenciación, la repetición múltiple de inhibiciones difíciles o la duración de éstas, el sistema nervioso pierde frecuentemente en forma total, o casi total, la función inhibitoria; sobrevienen verdaderas neurosis, enfermedades nerviosas crónicas características, a las que es preciso curar, ya sea con un descanso muy prolongado, es decir, una interrupción completa de los experimentos, o bien suministrando bromo. A la par de estos animales existen otros, en los cuales ambos procesos nerviosos se encuentran a un mismo y elevado nivel" (Pávlov, 1955o, pp.306-307).

"En consecuencia, los animales fuertes se dividen en dos grupos: equilibrados y desequilibrados. Los desequilibrados con las características del descrito son frecuentes. Parecería que debiera existir también otro tipo de desequilibrados, con predominio del proceso de inhibición sobre el de excitación, pero hasta ahora no se nos han presentado casos de este tipo en una forma que resultase absolutamente indiscutible, o no hemos sabido reconocerlos, destacarlos.

Disponemos ya de ejemplos suficientemente nítidos y no del todo escasos en los cuales el desequilibrio primitivo pudo ser, en gran medida, nivelado con el correr del tiempo, gracias a ejercicios lentos y repetidos. He aquí un nuevo ejemplo, en el que el tipo congénito de sistema nervioso ha sido enmascarado casi por completo, por influencia de la educación que la vida le ha dado" (Pávlov, 1955o, pp.307-308).

"Así obtenemos un grupo bien definido de perros fuertes y equilibrados. Sin embargo, ya por su aspecto exterior, los representantes de este tipo de sistema nervioso se diferencian marcadamente entre sí. Algunos son activos en grado sumo, movedizos y sociales, es decir, como si fuesen en general extraordinariamente excitables y rápidos. Otros son todo lo contrario, poco reactivos, poco sociables, es decir, como si fuesen en general poco excitables y lentos. Esta diferencia en la conducta general debe corresponder, por supuesto, a una propiedad específica del sistema nervioso; resulta lo más acertado explicar esta diferencia por la distinta movilidad de los procesos nerviosos. Hace ya tiempo que todos los investigadores hemos advertido esta diferencia exterior entre los animales... Recién ahora se investiga en forma sistemática esta movilidad en dos perros...

Pertenecen al tipo fuerte y equilibrado, y también divergen

en su comportamiento exterior. Por un lado, tenemos un animal extraordinariamente movedizo y reactivo; por otro, uno muy poco movedizo e indiferente. La diferencia de movilidad de ambos procesos nerviosos surge claramente en su actividad reflejo-condicionada. El primer perro, "Boi" (Lucha), ya causa asombro durante el experimento habitual con reflejos condicionados, por la rapidez de su transición, desde un estado de excitación extrema, al ser colocado y atado al comienzo del experimento, hasta una postura casi rígida, de estatua, con una atención voluntaria en alto grado, durante el curso de la experiencia. En los intervalos entre la aplicación de estímulos condicionados alimenticios, el animal demuestra suma concentración, sin reaccionar ante estímulos casuales. Con la excitación condicionada comienza de inmediato la reacción salival, que se repite exactamente, y el animal come con avidez, no bien le alcanzan el alimento. Esta extraordinaria movilidad de los procesos nerviosos, su rápido cambio, se manifiesta luego en forma, puede decirse, increíblemente acentuada, en experimentos especiales. En "Lucha" se había elaborado ya, desde hacía tiempo, un par de reflejos condicionados opuestos a los golpes de metrónomo: los de cierta frecuencia actuaban como reflejo condicionado alimenticio positivo, los de otra, como estímulo negativo inhibitorio. Luego fue cambiada la acción de los metrónomos. El negativo fue fortalecido, es decir se transformó en estímulo positivo. El positivo no fue acompañado más por la comida y se transformó en estímulo inhibitorio. Al día siguiente se observó el comienzo de la transformación y al quinto día ésta se hallaba totalmente concluida, caso rarísimo por su rapidez. En uno de los días próximos se cometió un error, los metrónomos fueron empleados de acuerdo con su significado anterior: el antiguo estímulo positivo fue intensificado y el inhibitorio quedó sin reforzar. Se produjeron sin demora las relaciones anteriores. Al ser corregido el error, retornaron con igual rapidez las nuevas relaciones. Este perro representaba un caso admirable, nunca visto, de elaboración del reflejo retardado... que es una tarea difícil de por sí" (Pávlov,

1955o, pp.308-309).

16.3. Clasificación final de la TSN.

"Así pues, como resultado de las posibles oscilaciones de las propiedades básicas del sistema nervioso y de las probables combinaciones de dichas oscilaciones, surgen los tipos de sistema nervioso cuyo número, de acuerdo al cálculo matemático, debería ser por lo menos de 24, pero como lo demuestra la realidad, es muy inferior a éste; hay precisamente cuatro tipos bien delineados que saltan a la vista y que se diferencian en particular por su adaptación al medio y por su resistencia frente a los estados patógenos. Debemos aceptar el tipo (débil) de animal caracterizado por una clara debilidad de los procesos de excitación e inhibición, que no logran adaptarse por completo a las condiciones de vida y se desmoronan fácilmente, que se enferman con suma rapidez y frecuencia y se tornan neuróticos bajo la influencia de situaciones vitales difíciles o, lo que es lo mismo, ante problemas nerviosos difíciles que les hemos planteado. A este respecto, lo más importante es que este tipo, como regla, no puede mejorar en forma muy acentuada, por medio de la educación y la disciplina y solo se vuelve útil en condiciones especialmente favorables, en condiciones creadas con tal propósito, como lo expresamos comúnmente, en condiciones de invernadero" (Pávlov, 1955o, pp.326-327).

"Al tipo débil se oponen los tipos de animales fuertes, que también se diferencian entre sí. Consideremos al tipo fuerte pero no equilibrado, que tiene un intenso proceso de excitación y, a su vez, un proceso inhibitorio, en cuanto a intensidad se refiere, inferior a lo normal, lo que en ciertos casos adquiere suma importancia y por lo cual también enferman con facilidad, especialmente cuando se requiere inhibición. Este es, con preferencia, un tipo exclusivamente batallador, pero no para la vida cotidiana, con todas sus eventualidades e imposiciones. Siendo fuerte, es capaz de disciplinarse en gran medida, mejorando su insuficiencia de inhibición inicial. Lo denominamos hasta ahora, tipo excitable, pero para evitar confusiones, es mejor designarlo con el adjetivo de *irrefrenable*, que revela su insuficiencia y al mismo tiempo, que se trata de un tipo fuerte...

Del tipo fuerte pero no equilibrado –*irrefrenable*–, deben diferenciarse los animales fuertes y equilibrados, los que se distinguen a su vez entre sí, con toda nitidez, según el aspecto exterior, y como lo sabemos ahora, especialmente por la movilidad de los procesos nerviosos. Es legítimo adjudicar a estos animales fuertes y equilibrados, para su designación, los adjetivos que corresponden a su movilidad: *tranquilo y vivaz*". Estos son, respectivamente, los principales tipos que corresponden exactamente a la antigua clasificación de los llamados temperamentos humanos: melancólico, colérico, flemático y sanguíneo" (Pávlov, 1955o, p.327).

"En lo que se refiere a las variaciones más pequeñas, éstas se encuentran, como ya dijimos, especialmente en el tipo débil, pero aún falta mucho para que completemos su estudio, pues todavía no han sido sistematizadas" (Pávlov, 1955o, pp.327-328).

"Para concluir, diremos algunas palabras sobre la frecuencia de los tipos que hemos reconocido entre los perros que, sin distinción de raza, han pasado por nuestro laboratorio durante el estudio de los reflejos condicionados. Los más frecuentes son el tipo *débil*, con todas sus variaciones y el *vivaz, sanguíneo*; luego el *irrefrenable, colérico*, y el menos frecuente, el *tranquilo, flemático*" (Pávlov, 1955o, p.328).

17. La investigación de la ANS normal y alterada en los animales y su relación con el hombre y la TSN.

17.1. Similitudes y diferencias en la TSN del perro y el hombre: primero y segundo sistema de señales.

"Llegamos ahora a una cuestión fundamental y obsesionante. ¿Cuál es la relación existente entre el cerebro y la actividad nerviosa superior del hombre y de los animales?" (Pávlov, 1976c, p.22).

"Si tenemos en cuenta que la adaptación al hombre de los conocimientos obtenidos en los animales, con respecto a las funciones del corazón, estómago y demás órganos que observan en éstos un comportamiento muy semejante al que corresponde en el hombre, solo puede realizarse con sumo cuidado y comprobando continuamente la realidad de esa semejanza, es fácil comprender hasta qué punto deben extremarse las reservas al pretender trasladar a la actividad superior del hombre, los conocimientos exactos, científico-naturales, recién obtenidos en el estudio de la función nerviosa superior de los animales, en particular, al reconocer que es precisamente esta función la que distingue al hombre en forma categórica de los animales, colocándolo infinitamente por encima de todo el reino animal. Hubiera sido una grave imprudencia considerar que los primeros conocimientos de la fisiología de los grandes hemisferios en los animales, completos en cuanto al temario que abarcaban, pero no en cuanto al contenido, representaban una solución al difícil problema del mecanismo superior de la naturaleza humana. Es por eso que cualquier formulación limitada de leyes sobre este tema atestiguaría en la actualidad solamente una extraordinaria limitación del pensamiento. Por otra parte, y aunque solo sea en forma temporaria, la simplificación con que las ciencias naturales encaran este asunto, debe ser considerada con hostilidad, como ocurre desgraciadamente en no pocas circunstancias. La ciencia recibe lo complejo solo en partes, pero lo aprehende paulatinamente más y más. En consecuencia, esperamos confiados y pacientes que el completo y exacto conocimiento de nuestro órgano superior, el cerebro, sería nuestro legítimo bien y el fundamento de una sólida felicidad humana. Después de lo expuesto en las conferencias anteriores, es casi indiscutible que los caracteres generales de la función nerviosa superior de los grandes hemisferios son los mismos en los animales superiores y en el hombre y, por lo tanto, los fenómenos elementales de dicha función deben ser iguales en unos y otros, tanto en los casos normales como en los patológicos" (Pávlov, 1955a, pp.155-156).

"Me parece que la coincidencia de tipos en animales y seres humanos habla, a favor de la correspondencia entre esta sistematización y la realidad" (Pávlov, 1955j, p.364).

"Hasta la aparición de la familia *homo sapiens*, los animales solo se relacionaban con el mundo circundante por impresiones directas que actuaban sobre sus distintos aparatos receptores y luego eran transmitidas a las células correspondientes del sistema nervioso central. Estas impresiones eran las únicas señales de los objetos externos. En el futuro hombre aparecieron, se desarrollaron y perfeccionaron en forma extraordinaria las señales de segundo grado, las señales de aquellas señales primarias, en forma de palabras pronunciadas, oídas y vistas. Estas palabras comenzaron a significar finalmente todo lo que el hombre recibía de un modo directo, tanto del mundo exterior como de su propio mundo interior, y fueron empleadas por él no solo en sus relaciones con otros hombres, sino también a solas, consigo mismo. Este enorme predominio de las nuevas señales condicionó la gran importancia de la palabra, aunque las palabras eran y siguen siendo únicamente segundas señales de la realidad. Pero sabemos, sin embargo, que hay una gran cantidad de individuos que obran solo con palabras, que hubieran querido derivar de ellas y conocer por su intermedio todo, y sobre esta base dirigir su vida sin apelar a la realidad" (Pávlov, 1955j, pp.364-365).

"Pero para comprender en forma clara y total las variaciones normales y patológicas de la conducta humana, es preciso agregar a los tipos comunes con los animales, otros particulares puramente humanos" (Pávlov, 1955j, p.364). "Debido al segundo sistema de señales y a los antiguos diversos modos de vida, la masa humana se dividió en artistas, pensadores y tipos medios que reúnen el trabajo de los dos sistemas en la medida adecuada" (Pávlov, 1955j, p.365).

"Queda aún el interrogante: ¿se limitan, efectivamente, al clásico número de cuatro, las variaciones básicas de la conducta general del hombre y los animales? Nuestras observaciones, realizadas durante muchos años, y nuestras múltiples investigaciones con perros, nos obligan por ahora a aceptar que dicho número corresponde a la realidad, admitiendo algunas pequeñas variaciones de estos tipos de sistema nervioso, especialmente en cuanto al débil" (Pávlov, 1955o, p.315).

"Basándonos en el carácter elemental del fundamento fisiológico aplicado en la clasificación de tipos de sistema nervioso de los animales, debemos admitir estos mismos tipos en el conglomerado humano, lo que ya fue hecho por el pensamiento clásico griego. Por esto, la clasificación de tipos nerviosos de Ernst Kretschmer, que fue casi universalmente admitida, en especial por los psiquiatras, debe ser considerada errónea e insuficiente. Los tipos de Kretschmer han sido tomados de los enfermos clínicos, ¿acaso no existen hombres por completo normales y deben todos llevar en sí, forzosamente, los gérmenes de enfermedades mentales y nerviosas? (Pávlov, 1955o, p.328). "Kretschmer, se limita solo a dos tipos generales, correspondientes a nuestros tipos violento *–irrefrenado-* y débil" (Pávlov, 1955j, p.365).

"Debemos pensar que el reconocimiento de los dos sistemas de señales en el hombre nos llevará a la comprensión del mecanismo de dos neurosis humanas: el histerismo y la psicastenia. Si los individuos pueden ser divididos en base al predominio de un sistema sobre el otro, en preferentemente pensadores y preferentemente artistas, se comprenderá que en los casos con desequilibrio general del sistema nervioso, los primeros resultarán psicasténicos y los segundos histéricos" (Pávlov, 1955c, p.356).

"La experiencia diaria muestra con claridad que existen dos categorías de individuos: artistas y pensadores. Entre ellos media una diferencia marcada. Los artistas de todo género: escritores, músicos, pintores, etc., captan la realidad íntegra, total, completa; captan una realidad viva sin ningún fraccionamiento o desunión. Los pensadores, precisamente desmenuzan la realidad, como si la destruyeran, transformándola en algo semejante a un esqueleto temporal, para reunir luego sus partes gradualmente, tratando así de infundirle vida, aunque sin lograrlo nunca en forma completa" (Pávlov, 1955e, p.269).

17.2. Síntomas y susceptibilidad a la alteración de la ANS en la TSN.

Como ya se ha indicado, "la alteración del equilibrio de todos los procesos que participan en la actividad nerviosa implica un estado patológico, una enfermedad y, a menudo, dentro de la llamada normalidad o hablando con más precisión, en la normalidad relativa, se encuentra ya un cierto desequilibrio. Surge aquí el hecho posible de que la enfermedad nerviosa se relacione claramente con el tipo de sistema nervioso" (Pávlov, 1955c, pp.353-354).

"Es preciso dejar constancia que el provocar un estado patológico de la actividad nerviosa superior, por medio de nuestros métodos, es a veces tarea fácil. Pero condicionada por los tipos de sistema nervioso, se observa una gran diferencia, en cuanto a la facilidad con que se provocan dichos estados patológicos...

Lógicamente, también pueden ser transformados en enfermos nerviosos, los animales fuertes y equilibrados, es decir, aquellos en los cuales los procesos de excitación e inhibición se encuentran en un mismo nivel y la movilidad es normal; pero para esto se requiere mucho tiempo y trabajo, pues es preciso ensayar varios métodos" (Pávlov, 1955l, p.337).

"Entre nuestros perros, enferman con mayor rapidez y facilidad, por influencia de condiciones experimentales difíciles, los pertenecientes a tipos extremos: excitable y débil. Por supuesto, con medios extraordinariamente excepcionales se puede quebrar también el equilibrio del tipo fuerte y equilibrado" (Pávlov, 1955c, p.354).

"Nos hemos convencido a cada momento por nuestros animales, que las desviaciones patológicas crónicas de la actividad nerviosa superior por influencia de nuestros métodos patogénicos sobrevienen con suma facilidad, en forma de neurosis, en los tipos violentos y débiles" (Pávlov, 1955j, p.365).

"El tipo excitable es fácil de desmoronar, es decir, de ser transformado en patológico. Basta presentarle una serie de problemas en los que se exija una suficiente inhibición, para que el animal se debilite por completo, no distinga nada más, ni inhiba nada, es decir, se transforma en neurótico" (Pávlov, 1955l, pp.337-338).

"En el excitable, las neurosis se expresan en que el proceso inhibitorio, que también en estado normal está en retardo permanente con respecto a la fuerza del de excitación, ahora se debilita mucho y casi desaparece; las diferenciaciones elaboradas, aunque no absolutas, se desinhiben por completo; la extinción se prolonga en forma extraordinaria y el reflejo de retardo se convierte en uno de intervalo breve, etc. El animal se torna muy arrebatado y nervioso en los experimentos sobre el banco; enfurece o, lo que es mucho más raro, cae en un estado de somnolencia, cosa que antes no le ocurría" (Pávlov, 1955c, p.355).

"Los perros violentos quedan privados casi por completo de la inhibición y los débiles rehúsan totalmente la actividad reflejo-condicionada o la presentan en una forma muy caótica. Kretschmer, que se limita solo a dos tipos generales correspondientes, relaciona con justeza, en lo que puedo apreciar, a nuestros tipos violento *–irrefrenado–* con la psicosis maníaco-depresiva, y al débil con la esquizofrenia respectivamente" (Pávlov, 1955j, p.365).

"No obstante mi escasa experiencia clínica –los últimos tres o cuatro años visité con regularidad clínicas de enfermedades nerviosas y psiquiátricas–, me permito expresar la siguiente hipótesis elaborada sobre las neurosis humanas. La neurastenia es la forma patológica de los tipos humanos débil general y medio. El histérico es el producto del tipo débil general unido al predominio de lo artístico; la psicastenia –según la terminología de Pierre Janet–, es el predominio del tipo débil general unido al predominio del pensamiento. En el histérico, la debilidad general se manifiesta, naturalmente en el segundo sistema de señales, que en el artístico cede el primer lugar, incluso sin la existencia de neurosis, al primer sistema de señales; mientras que, en el hombre normalmente desarrollado, el segundo sistema de señales es el regulador supremo de la conducta. De aquí el caos en la histeria, en la función del primer sistema de señales y en el fondo emocional, que toma forma de fantasía patológica con una emotividad incontrolada, con una alteración profunda del equilibrio nervioso general – ya sea en forma de parálisis, contracturas, accesos convulsivos o letargia–, y especialmente en la síntesis de la personalidad. En el psicasténico, la debilidad general recae sobre el fundamento básico de las relaciones entre el organismo sobre el medio circundante, sobre el primer sistema de señales y el fondo emocional. De aquí la ausencia del sentido de lo real, una sensación constante de insatisfacción en la vida, una completa ineptitud vital unida a un raciocinio continuo estéril y deformado en forma de ideas obsesivas y fobias. Es así como represento en rasgos generales, el origen de las neurosis y psicosis en relación con los tipos generales y particulares de la actividad nerviosa superior" (Pávlov, 1955j, pp.365-366).

"El debilitamiento del proceso de excitación hace que predomine el inhibitorio, tanto en general como en diversos aspectos parciales, en forma de sueño y estados hipnóticos con sus múltiples fases... Pienso que deben ser relacionados con este mecanismo, muchos fenómenos patológicos, por ejemplo: la narcolepsia, la cataplexia, la catalepsia, los sentimientos de posesión, o sea, *les sentiments d'emprise* –según Pierre Janet–, o la inversión –según Kretschmer–, la catatonia, etc. El debilitamiento del proceso de excitación, en el sentido de su labilidad –fragilidad, inestabilidad– patológica, se obtiene en el laboratorio con el cambio de su movilidad, y puede ser producido ya sea por su sobrecarga o por el choque con el opuesto" (Pávlov, 1955j, p.366).

"Este fenómeno es conocido desde hace tiempo en la clínica por debilidad excitada, y consiste en la extraordinaria reactividad y sensibilidad del proceso de excitación con un rápido agotamiento consecutivo. Nuestro estímulo condicionado positivo produce un efecto impetuoso e inusitado, pero la acción positiva llega a cero, a un estado de inhibición, en momentos en que el período normal excitatorio se prolonga todavía. A este fenómeno lo hemos llamado algunas veces explosividad. Pero también poseemos en nuestro material de laboratorio, la modificación patológica opuesta de la movilidad del proceso de excitación: la inercia patológica. El proceso de excitación persiste en forma tenaz,
pese al empleo prolongado de condiciones que habitualmente llevan a su reemplazo por el de inhibición. El estímulo positivo no obedece, o lo hace muy poco, a la inhibición consecutiva, a los estímulos inhibitorios precedentes. Este estado patológico se provoca, en unos casos, por una sobrecarga moderada, con el aumento continuo del proceso de excitación, en otros, mediante un choque con el proceso inhibitorio... Es muy natural, entonces, relacionar los fenómenos de estereotipia, ideas obsesivas, paranoia, etc., con esta inercia patológica del proceso de

excitación.

También el proceso inhibitorio puede ser debilitado por su sobrecarga o por choques con el proceso de excitación. Su debilitamiento lleva a un predominio normal del proceso opuesto, en forma de una alteración de las diferencias, del retardo y otros fenómenos normales, en los que participa la inhibición; manifestándose también en la conducta general del animal en forma de agitación, impaciencia y furor y, por último, como fenómenos patológicos, por ejemplo: la excitabilidad neurasténica, y en el hombre como estados hipomaníacos, maníacos, etc." (Pávlov, 1955j, p.367).

"En cuanto a los animales del tipo débil, logramos con facilidad transformarlos en neuróticos mediante la aplicación de cualquiera de nuestros métodos" (Pávlov, 1955l, p.338).

"La condición para que aparezca, por ejemplo, una fobia ante el vacío y que el animal que antes tomaba libremente el alimento colocado al borde de un tramo de escalera y, que ahora no lo hace y se aparta con ímpetu, alejándose a distancia considerable, reaccionando en forma inhibida exagerada, en perjuicio de sus intereses, es lo que puede ser llamado tormento del proceso de inhibición" (Pávlov, 1955j, p.368).

"La neurosis en el tipo débil, tiene casi exclusivamente un carácter depresivo. La función reflejo condicionada se hace desordenada en exceso y, muy a menudo, desaparece en su totalidad; en el banco, el animal se halla casi de continuo en estado hipnótico, con sus diversas fases –desaparición de los reflejos condicionados–, ni siquiera toma el alimento que se le ofrece" (Pávlov, 1955c, p.355).

"Los tipos de Kretschmer son solo una parte de todos los tipos humanos. Los ciclotímicos corresponden a nuestro tipo excitado, *irrefrenado*, los coléricos de Hipócrates. Los esquizofrénicos, a nuestro tipo débil, los melancólicos de Hipócrates.

Como el primero no tiene el correspondiente proceso inhibitorio moderador y restablecedor, su proceso de excitación sobrepasa a menudo, y en forma extraordinaria, el límite de la capacidad de trabajo de las células de los grandes hemisferios. Esto condiciona la alteración del correcto reemplazo del trabajo normal por el descanso normal, manifestándose en fases patológicas extremas de los estados excitatorio e inhibitorio, tanto con respecto a su tensión como a su duración. De aquí que en circunstancias vitales particularmente difíciles, o en el caso de algunas condiciones desfavorables del organismo, se tenga como resultado final la psicosis maníaco depresiva" (Pávlov, 1955o, p.328).

"El segundo tipo –esquizofrénicos–, tiene ambos procesos débiles y por ello son directamente insoportables para él, tanto la vida individual como la social, sufriendo las crisis más agudas, que alcanzan con mayor frecuencia a los organismos jóvenes, todavía no adaptados y no reforzados. Esto puede ocasionar, y provoca a menudo, la destrucción completa del comportamiento superior del sistema nerviosos central, si es que las circunstancias afortunadas de la vida, sobre todo la función protectora del proceso inhibitorio, no lo defiende una sobrecarga funesta en los períodos difíciles. Es legítimo admitir que en aquellos representantes del tipo débil que terminan en la esquizofrenia, existen algunas condiciones de un género especial, particularmente una marcha irregular del desarrollo o una autointoxicación permanente, que produce una particular fragilidad del sistema nervioso. El rasgo característico de los esquizotímicos, de acuerdo con Kretschmer, es el aislamiento, la reserva, desde la más tierna edad, y no encierra en sí nada especial, siendo generalmente índice de la dificultad extraordinaria que el medio social implica para un sistema nervioso débil; de aquí el alejamiento natural de este ambiente. ¡¿No es acaso un hecho reconocido que el solo traslado a las clínicas, sanatorios, etc., de toda clase de personas nerviosas, es decir, el sustraerlas de sus condiciones habituales de vida, es ya un procedimiento que ayuda mucho e incluso cura?!...

Debemos agregar que la reserva, el alejamiento de la sociedad no son en modo alguno rasgos exclusivos de los esquizotímicos, es decir, de hombres débiles. También los fuertes pueden ser reservados, pero con una causa totalmente distinta. Tienen un mundo subjetivo intenso y, al mismo tiempo, unilateral; ya desde temprano fueron dominados por una inclinación determinada y se han concentrado en un problema, obligados, entusiasmados por una idea. Para ellos, los demás no solo son innecesarios, sino que incluso les molestan distrayéndolos de su interés vital primario.

"Entre los ciclotímicos –como en los fuertes–, hay naturalmente, no pocos grandes hombres; pero ellos –no equilibrados–, tienen una fragilidad especial de su sistema nervioso. De aquí el tema difundido y de permanente discusión: genio y locura. Corresponde luego considerar la masa de seres humanos, relativa o extraordinariamente fuertes y, al mismo tiempo, equilibrados, flemáticos o sanguíneos, los que elaboran la historia de la humanidad con su trabajo sistemático, más o menos pequeño pero indispensable, en todos los órdenes de la vida y que se destacan por su inteligencia, la elevación de sus sentimientos y su férrea voluntad. Por supuesto, en lo que concierne a los grandes hombres, por más fuertes que sean, también en ellos es posible el quebranto, pues la medida de su actividad vital es extraordinaria y toda fuerza tiene su límite" (Pávlov, 1955o, pp.329-330).

"Los animales fuertes pero desequilibrados, en los que el proceso inhibitorio se halla un tanto retrasado y no guarda correspondencia con el de excitación. Cuando se presentan tareas nerviosas difíciles, que exigen el empleo de la inhibición en una medida importante, estos animales pierden casi por completo la función inhibitoria –forma especial de neurosis– y se excitan en sumo grado, hasta llegar a la violencia. Por otra parte, estos estados de excitación, de violencia, se trasforman algunas veces en estados depresivos, somnolientos. Los animales de tal categoría son, en su conducta general, agresivos, impetuosos, incontenidos, los denominamos excitables o coléricos. Sigue el tipo de animales fuertes y al mismo tiempo equilibrados, en los que ambos procesos están a un mismo nivel, razón por la cual nos resulta trabajosos, y a menudo imposible, transformarlos en neuróticos mediante la presentación de tareas difíciles. Este tipo adopta dos formas: tranquilos –flemáticos– y muy vivaces –sanguíneos–. Por último, queda por considerar el tipo inhibido débil, en el que ambos procesos son insuficientes, pero con frecuencia lo es en particular el de inhibición. Este tipo es el clásico proveedor de neurosis, las que pueden provocarse en forma experimental con una extraordinaria facilidad. Los animales de este tipo son cobardes, se encuentran en un estado de permanente ansiedad o son muy agitados e impacientes. Para ellos resulta insoportable la acción de agentes exteriores fuertes en calidad de estímulos condicionados positivos –por lo común se trata de excitaciones normales importantes: alimenticia, sexual, etc.–. Tampoco pueden soportar un proceso inhibitorio intenso, ni prolongado, aunque sea de relativa intensidad; menos aún pueden soportar el choque de los procesos nerviosos. También excede su capacidad de resistencia a cualquier sistema complejo de reflejos condicionados o el cambio del estereotipo de la actividad reflejo-condicionada. En todos estos casos, dichos animales presentan una actividad reflejo-condicionada débil y caótica y, en su mayoría, caen en distintas fases del estado hipnótico. Además, es fácil provocar en ellos un estado patológico de puntos aislados, incluso pequeños, de los grandes hemisferios; en tales condiciones, la aplicación de estímulos correspondientes a dichos puntos lleva a un descenso brusco y rápido de la función reflejo –condicionada en su conjunto–. Si bien, de acuerdo con su conducta general, no siempre es posible llamar melancólicos a estos animales en los que las funciones vitales resultan, en casi todos los casos, deprimidas e inhibidas" (Pávlov, 1955e, pp.256-257).

"En el tipo débil, con disminución de la inhibición interna, la externa
–inducción negativa–, predomina acentuadamente e interviene en forma preponderante en la determinación de la conducta externa del animal. De aquí que denominemos a este tipo: débil inhibido" (Pávlov, 1955e, p.258).

17.3. Susceptibilidad a trastornos de la ANS por cambios orgánicos.

"Es comprensible que cuando están castrados y se han recuperado, parcial o totalmente, se pueda producir en ellos neurosis con mayor facilidad que en perros sanos, pues su equilibrio ya ha sido conmovido y, naturalmente son, por así decirlo, mucho más frágiles que los normales" (Pávlov, 1955l, p.340).

"¿Por qué los animales que tienen sistema nervioso fuerte se tornan caóticos inmediatamente después de la castración y su conducta solo se equilibra, aunque en forma relativa, con el correr del tiempo, mientras los débiles, por el contrario, observan un mejor comportamiento, más regular que antes de la castración y solo pasado un tiempo caen en estado de invalidez?

He aquí como logramos explicarnos este hecho. Cuando el animal posee sus glándulas sexuales, experimenta excitación sexual y los estímulos de dichas glándulas actúan en el cerebro, pero cuando éste es débil, surge aquí la insuficiencia en la actividad nerviosa general. Con la ablación de las glándulas desaparecen estos estímulos sobreagregados y el sistema nervioso se alivia y trabaja en forma más efectiva en los restantes aspectos. Esta no es una explicación fantástica. Idéntica observación realizamos en un caso más tangible; considerando un perro con distintos grados de apetito, pudimos apreciar que esto tiene una influencia importante sobre el sistema de reflejos condicionados. Si se trata de un perro fuerte y se eleva su excitabilidad alimenticia, de una u otra manera, aumentan en él todos los reflejos condicionados. En el perro débil, por el contrario, la elevación de la excitabilidad alimenticia lleva, habitualmente, al descenso de los reflejos condicionados, es decir que la excitación sobreagregada es insoportable y se acompaña de una inhibición, a la que por esta razón llamamos protectora" (Pávlov, 1955l, p.342).

17.4. El carácter general del comportamiento en los trastornos de la ANS y en la TSN; su rehabilitación.

"A nosotros los fisiólogos, no familiarizados con la neuropatología humana, nos parece una tarea apenas abordable el establecer seriamente una analogía entre los estados neuróticos de nuestros perros y las neurosis humanas. Pero estoy convencido, sin embargo, que la solución o una ayuda esencial para la solución de muchos problemas importantes de la etiología, de la sistematización natural, del mecanismo y, finalmente, de la terapéutica de las neurosis humanas, se encuentra en manos de quien experimenta en animales" (Pávlov, 1955k, p.203).

"En los animales, el estudio experimental de las modificaciones patológicas en los procesos básicos de la actividad nerviosa, da la posibilidad de comprender desde un punto de vista fisiológico el conjunto de los síntomas neuróticos y psicóticos, tanto a los que se presentan aislados, como a los que integran formas patológicas definidas" (Pávlov, 1955j, p.366).

"Produciendo artificialmente en nuestros animales una desviación de la actividad nerviosa superior, hemos visto la aparición, en perros de distinto tipo de sistema nervioso, de dos formas diferentes de enfermedades nerviosas, de dos distintas neurosis. En unos, la neurosis consistía en una desaparición casi completa de los reflejos inhibitorios... En otros perros, desaparecieron todos los reflejos positivos y llegaron, en nuestro ambiente, a un estado de gran apatía y somnolencia... En un comienzo, no familiarizados con la clínica de las neurosis, hemos denominado equivocadamente, aunque guiados por algunas consideraciones, *neurastenia* a la neurosis de los primeros perros, e *histeria* a la de los segundos. Con posterioridad, hallamos que sería más adecuado denominar a las neurosis citadas en primer lugar, *hiperestenia,* y conservar para las segundas neurosis, la denominación *neurastenia,* relacionando, tal vez con más exactitud, el término histeria con otros trastornos del sistema nervioso... En el informe que presentó en este Congreso el Dr. Léopold Szondi, llegó a la conclusión que la actual forma clínica de la histeria debe descomponerse en dos neurosis distintas y correspondientes a dos constituciones opuestas: neurosis que responden muy bien, según mi opinión, a las brevemente descritas por nosotros más arriba" (Pávlov, 1955k, p.204).

"En *The Journal of Nervous and Mental Disease*, vol. 70, se publicó un artículo del doctor Paul Schilder bajo el título "The Somatic Basis of the Neurosis", en el cual el autor reconoce que en lo que nosotros hemos denominado neurosis en nuestros animales de experimentación, estudiadas con el método de los reflejos condicionados, "se encuentran todos los fenómenos de la neurosis" (Pávlov, 1955ñ, pp.205).

"No obstante mi experiencia clínica –los últimos tres o cuatro años visité con regularidad clínicas de enfermedades nerviosas y psiquiátricas–, me permito expresar la siguiente hipótesis elaborada sobre las neurosis humanas. La *neurastenia* es la forma patológica de los tipos humanos débil general y medio. El histérico es el producto del tipo débil general unido al predominio de lo artístico; la *psicastenia* –según la terminología de Pierre Janet–, es el predominio del tipo débil general unido al predominio del pensamiento. En el histérico, la debilidad general se manifiesta, naturalmente en el segundo sistema de señales, que en el artístico cede el primer lugar, incluso sin la existencia de neurosis, al primer sistema de señales; mientras que, en el hombre normalmente desarrollado, el segundo sistema de señales es el regulador supremo de la conducta. De aquí el caos en la histeria, en la función del primer sistema de señales y en el fondo emocional, que toma forma de fantasía patológica con una emotividad incontrolada, con una alteración profunda del equilibrio nervioso general – ya sea en forma de parálisis, contracturas, accesos convulsivos o letargia–, y especialmente, en la síntesis de la personalidad. En el psicasténico, la debilidad general recae sobre el fundamento básico de las relaciones entre el organismo sobre el medio circundante, sobre el primer sistema de señales y el fondo emocional. De aquí la ausencia del sentido de lo real, una sensación constante de insatisfacción en la vida, una completa ineptitud vital unida a un raciocinio continuo estéril y deformado en forma de ideas obsesivas y fobias. Es así como represento en rasgos generales, el origen de las neurosis y psicosis en relación con los tipos generales y particulares de la actividad nerviosa superior" (Pávlov, 1955j, pp.365-366).

"Los fenómenos de labilidad patológica del proceso de inhibición fueron comprobados en perros por mi colaboradora Petrova, en el curso de este año, quien ha enriquecido con hechos de suma importancia a la patología experimental y a la terapéutica de la actividad nerviosa superior... Desde el punto de vista subjetivo, el miedo, temor o "fobia", por ejemplo, al vacío y presente en los animales con labilidad patológica del proceso de inhibición, como en el caso del perro que se alejó, en lugar de acercarse al borde de una escalera para comer; pudo ser provocada y eliminada, es decir, estuvo bajo el dominio del experimentador" (Pávlov, 1955j, pp.367, 368).

"Si se transportasen al hombre los estados nerviosos patológicos causados por nosotros, corresponderían en gran parte a las llamadas enfermedades psicógenas. La misma sobrecarga, el mismo desmoronamiento de los procesos de excitación e inhibición, todo ello se encuentra también en nuestra vida. Por ejemplo, alguien me ha ofendido muy profundamente y por una causa cualquiera no he podido responderle con la palabra adecuada y, menos aún, con la acción, y he debido superar en mi interior esta lucha, este conflicto, entre los procesos excitatorio e inhibitorio. Esto se ha repetido más de una vez. Encontramos otro ejemplo en la bibliografía sobre neurosis. Una hija asiste a los últimos días y horas de vida de su padre, que es para ella un ser muy querido y debe fingir que todo se desarrolla en forma favorable, que espera verlo repuesto muy pronto y, al mismo tiempo, siente por supuesto, una infinita tristeza; todo esto la lleva, sin rodeos, al quebrantamiento, a la neurosis" (Pávlov, 1955l, p.340).

"¿En qué se distinguen, pues, efectivamente, por su esencia, por su fisiología, estos desmoronamientos de los que originamos en nuestros animales de experimentación, cuando provocamos en ellos el choque de los procesos de excitación e inhibición?

Pero debido a la extraordinaria complejidad de nuestro cerebro, en comparación con el de los animales, deben existir además de estas neurosis, otras, que son específicamente humanas, entre las cuales se incluyen la psicastenia y la histeria. Estas no pueden ser provocadas en los perros, pues en ellas se ponen de manifiesto la escisión del cerebro en su parte superior, puramente humana, ligada con el habla, y en la inferior, la que como en los animales percibe las impresiones exteriores y las analiza y las sintetiza de inmediato. Pero en los animales se producen plenamente estados neuróticos de distinto género.

En vista de que nuestros datos me parecieron ya suficientes para interpretar con criterio fisiológico el mecanismo de las enfermedades mentales, resolví hace dos o tres años, comenzar a visitar clínicas de enfermos nerviosos y psiquiátricos y puedo decir, en cuanto a las primeras, que casi todos los síntomas y cuadros neuróticos observados en ellas pueden ser interpretados y relacionados con los hechos fisiopatológicos de nuestro laboratorio. Esta no es solo mi opinión como fisiólogo, es también la de los neuropatólogos que he conocido en esas clínicas, quienes admiten que nuestra interpretación fisiológica de las neurosis no es una fantasía, sino que realmente establecemos con sólido fundamento el continuo vínculo de los hechos observados en nuestros laboratorios con los fenómenos neuropatológicos del hombre" (Pávlov, 1955l, p.341).

Cuando Pávlov se refiere a la corrección del ajuste de las dosis, por ejemplo, de bromo para disminuir el estado neurótico señala: "Por supuesto, no debemos considerar que esto es cierto solo en los perros y que el problema sería otro en el hombre. También en nuestra clínica de neuropatología se señala que en muchos casos el éxito de la curación se logró, precisamente, disminuyendo y no aumentando las dosis de bromo, descenso que llegó hasta decigramos y centigramos en cada toma" (Pávlov, 1955l, p.344).

"Según he expresado, en el laboratorio trabajando con perros, se puede enfermar por medios funcionales puntos aislados de la corteza, quedando los restantes sanos...Como conclusión, me detendré con brevedad en la aplicación de nuestros datos experimentales en la clínica neuropatológica y psiquiátrica. En lo que concierne a la primera, es indudable que nuestras neurosis humanas se interpretan en forma plenamente satisfactoria a la luz del análisis de nuestros experimentos; pero considero que algo se aclara también en psiquiatría, gracias a nuestro material de laboratorio. Edito actualmente pequeños folletos bajo el título de *Últimos informes sobre fisiología y patología de la actividad nerviosa superior*. Dos breves artículos de la última edición han sido traducidos a idiomas extranjeros. Uno ya fue publicado en francés, el otro fue enviado a una revista inglesa, y espero con sumo interés, como es lógico, ver en qué forma serán acogidos por los especialistas extranjeros" (Pávlov, 1955l, pp.351, 350).

"Es admisible comparar la neurosis del perro con la neurastenia humana, más aún, por el hecho de que algunos neuropatólogos insisten en la existencia de dos formas de neurastenia: excitada y depresiva" Se agregan también algunas formas de neurosis traumáticas y otros estados patológicos reactivos" (Pávlov, 1955c, p.356).

"Por supuesto, ya que conocemos el sistema de glándulas endocrinas, las que en cierta medida se ayudan y reemplazan una a la otra, es factible imaginar que en el curso del tiempo, el desequilibrio que sufre el organismo después de la castración, llega a ser compensado. Pero el restablecimiento de este estado aparentemente normal se presenta en distintos perros, al cabo de períodos muy dispares: en algunos, luego de meses; en otros, después de años, y en un tercer grupo, aún no se presentó. Evidentemente, esto está ligado con la fuerza primaria del sistema nervioso" (Pávlov, 1955l, p.340).

18. Los procesos de la ANS en la neurosis y en la psicosis.

"Pocos serán hoy quienes, en posesión de una formación médica, duden que las neurosis y las psicosis van ligadas al debilitamiento o a la desaparición de la función normal del cerebro o a la destrucción en mayor o menor grado del mismo" (Pávlov, 1976c, p.22).

"Si la frecuencia positiva actúa sobre una célula debilitada por alguna causa –o que se encuentra en estado hipnótico[23]–, de acuerdo con la ley del límite, que es también un hecho exacto, la llevará al estado inhibitorio, el que a su vez provocará, por la ley de inducción recíproca, un estado de excitación, en lugar del de inhibición, de la otra mitad del par asociado; y es por ello que en ese momento, el estímulo ligado a esta segunda mitad no producirá inhibición sino excitación. Este es el mecanismo del negativismo.

Se le alcanza alimento a un perro en estado de inhibición –hipnótica–, es decir, se lo estimula a una función positiva, comer; el perro se da vuelta y no toma el alimento. Cuando se aleja de la comida, es decir, cuando se lo estimula negativamente al inhibir la función, al cese de la alimentación, el perro se tiende al alimento. Es evidente que esta ley de la inducción recíproca de funciones contrarias debe ser aplicada también a las ideas opuestas, vinculadas, por supuesto, a determinadas células –del habla– y que constituye, también, un par asociado. A raíz del estado depresivo, inhibitorio –en nuestros experimentos, la dificultad de la actividad nerviosa superior se manifiesta habitualmente como inhibición–, el fuerte estímulo de una idea produce su inhibición y por su intermedio induce la idea contraria. No es difícil advertir que esta explicación se extiende en forma natural a un síntoma propio de los esquizofrénicos: la ambivalencia, que sobreviene en presencia de un estado paradojal sumamente profundo y difuso" (Pávlov, 1955i, pp.280-281).

"No puede considerarse fantástica la conclusión que sigue. Así como es evidente que la estereotipia, la iteración y la perseveración, tienen su base natural en la inercia patológica del proceso de excitación en distintas células motoras, el mecanismo de las neurosis obsesivas y de la paranoia debe ser el mismo. Solo que aquí se trata de otras células o grupos de células ligadas con nuestras sensaciones e imágenes. De este modo, solo una serie de sensaciones e ideas vinculadas a las células enfermas se hace anormalmente resistente y no obedece a las influencias inhibitorias de otras numerosas sensaciones e imágenes" (Pávlov, 1955c, pp.360).

"Pasemos, por así decir, a los aspectos clínicos de este síntoma –la inercia patológica– en distintas neurosis y psicosis, donde constituye una de las manifestaciones, una de las fases del estado patológico de las células nerviosas" (Pávlov, 1955d, pp.288-289).

"Quiero aprovechar este tema de las enfermedades aisladas, para la comprensión de una forma psiquiátrica muy interesante y enigmática, precisamente la paranoia. Como se sabe, la paranoia se caracteriza porque un hombre mentalmente sano, que tiene en cuenta la lógica y la realidad, como todo hombre normal, y que algunas veces es, incluso, talentoso, cae en una manifiesta psicosis, no reconoce ninguna lógica, ninguna realidad, cuando se trata de un tema determinado. Creo que este hecho puede ser interpretado partiendo de nuestros datos experimentales concernientes a la enfermedad de puntos aislados de la corteza.

No es posible discutir que las estereotipias de los movimientos esqueléticos pueden y deben interpretarse como expresión de la inercia patológica del proceso de excitación en las células corticales ligadas con el movimiento y que la perseveración debe ser interpretada análogamente, solo que en relación con las células motoras de la palabra. Es más difícil, a primera vista, explicar en la misma forma las ideas obsesivas y la paranoia. No obstante, según mi parecer, la concepción de puntos aislados de la corteza en un puro sentido anatómico grosero y en un sentido estructural dinámico, supera en grado suficiente esta dificultad" (Pávlov, 1955l, p.351).

18.1. Síntomas y procesos de la ANS en la Paranoia y en la Neurosis obsesiva.

"Nuestra noción general –categoría– de la oposición, es una de las nociones generales básicas e indispensables que, junto con otras, facilita, ordena y torna posible nuestro pensamiento sano. La relación con el mundo circundante, con el mundo social y con nosotros mismos, debe resultar inevitablemente deformada si se confunden de continuo los opuestos: el yo y el no yo; lo mío y lo vuestro; el deseo en un mismo momento, de estar solo y en compañía; el ofender y el ser ofendido, etc. Por consiguiente, debe ser una causa profunda la que produzca la desaparición o el debilitamiento de esta noción general. A mi entender, esta causa puede y debe ser buscada en las leyes generales de la actividad nerviosa. Sostengo que existen ahora en la fisiología, indicaciones en ese sentido" (Pávlov, 1955i, p.279).

"Veamos otro caso en el límite de la neurosis y la psicosis. En el delirio de persecución, se encuentran casos en los que el enfermo en forma invencible, considera realmente existente aquello que teme o no desea. Por ejemplo, el hombre que quiere tener un secreto, pero se imagina que todos sus secretos son descubiertos continuamente de alguna manera, quiere estar solo, y aunque lo está y puede observar toda la habitación, se imagina que hay alguien en ella; desea que se lo respete, pero le parece que en cada momento se le ofende de algún modo, por medio de señales, palabras o gestos. Pierre Janet denomina esto *sentimientos de posesión*, como si el paciente fuese dominado por otra persona.

Este caso tiene su base fisiológica, según mi opinión, en la fase ultraparadojal... Si la célula llega a un estado patológico cualquiera... se obtiene entonces un efecto contrario: el estímulo positivo se hace inhibitorio y el inhibitorio positivo. Este es un hecho observado en el laboratorio y completamente exacto, que se repite de continuo. Me represento, pues, el estado de aquél hombre enfermo de la siguiente manera. Cuando deseaba ser respetado o estar solo, este deseo se transformaba en un fuerte estímulo positivo que provocaba en él, debido a la fase ultraparadojal, una imagen contraria, totalmente involuntaria e insuperable.

De este modo, queda demostrado que el método de nuestros trabajos, método de la relación objetiva con los fenómenos de la actividad nerviosa, se justifica plenamente en el campo de la patología animal, y se justifica más plenamente a medida que lo ensayamos. En la actualidad, realizo ensayos, legítimos, según mi parecer, para aplicar la misma relación en la actividad nerviosa humana, llamada habitualmente actividad psíquica. Esto es todo cuanto les quería decir" (Pávlov, 1955l, pp.351-352).

"Una histérica se queja de no poder detenerse una vez que ha comenzado a rascarse la cabeza, de no poder terminar esta acción en el tiempo debido. Otro histérico, luego de un breve acceso catatónico provocado, no puede pronunciar palabra alguna sin repetirla muchas veces antes de continuar la frase. Este fenómeno se observa en la esquizofrenia aún con mayor frecuencia e incluso caracteriza, en especial, su forma catatónica. En la esfera motora, la inercia patológica se manifiesta en sectores aislados o abarcando todo el sistema musculo-esquelético, como se observa en algunos catatónicos, cuando se les mueve en forma pasiva cualquier grupo muscular, en los cuales el movimiento se repite un número enorme de veces" (Pávlov, 1955d, p.289).

"En verdad, así como es apenas discutible que la inercia patológica es evidente y debe ser aceptada como un hecho en los fenómenos motores, es también completamente admisible y legítima en relación con todas las sensaciones, sentimientos y representaciones... En las neurosis obsesivas y en la paranoia tenemos representaciones y sentimientos cuya estabilidad es extraordinaria e inadecuada y, a consecuencia de ello, acciones que no responden a las relaciones del hombre con la naturaleza en general y, especialmente, con la sociedad; acciones que conducen a conflictos difíciles, graves y perjudiciales, con la naturaleza, con los otros hombres y ante todo, por cierto, consigo mismo. Pero lo dicho se refiere sólo a las representaciones y sensaciones enfermas; fuera de esta esfera, los pacientes piensan y actúan como hombres completamente sanos, e incluso pueden ser individuos superiores al término medio.

La neurosis obsesiva y la paranoia se distinguen, por lo habitual, muy bien entre sí, como formas patológicas –la primera, una neurosis y la segunda, una psicosis–. Sin embargo, no todos los neurólogos y psiquiatras reconocen esta diferencia. Algunos de ellos admiten la transición de una forma en la otra, reduciendo su diferencia a grados o fases del estado patológico y algunos rasgos complementarios.

Veamos algunos conceptos de otros autores:

-   Pierre Janet: "El delirio de persecución está muy cerca de las ideas obsesivas y me extraña que los hayan separado por completo, uno del otro".

- Kretschmer: "En el viejo y debatido problema de si existe una diferencia esencial entre las ideas delirantes y las obsesivas, podemos llegar a una conclusión en sentido negativo..."

- P. Mallet: "En el delirio y en la obsesión... la lesión orgánica es de un solo y mismo género" (Pávlov, 1955d, pp.289-290).

- "El psiquiatra francés Gaëtan Gatian de Clérambault, considera como fenómeno primario de la paranoia, la manifestación del "automatismo mental", de "palabras e ideas parásitas", como él las llamaba, alrededor de las cuales se desarrolla en forma sistemática el delirio" (Pávlov, 1955d, p.299).

"La diferencia entre nuestras dos formas patológicas – neurosis obsesiva y la paranoia–, en cuanto a su cronicidad e incurabilidad, está determinada ya sea por las diferencias entre las causas inmediatas de las mismas o por la disparidad en los tipos de sistema nervioso. Los traumas que obran como causas inmediatas pueden ser temporarios o pasajeros, e ininterrumpidas o permanentes hasta el fin de la vida. En su turno, el proceso de excitación, en general relativamente débil, de naturaleza inestable, cede con relativa facilidad su lugar a la inhibición. Es comprensible que, en el caso de la inercia patológica de los animales de tipo fuerte, existan muy pocas o ninguna probabilidad de poder eliminarla o reducirla hasta un grado relativamente normal. Confirmando lo dicho, podemos extraer de nuestro material de laboratorio el siguiente hecho: en un perro de tipo más o menos fuerte y con un movimiento de carácter obsesivo, la acción del bromo solo debilitó y limitó marcadamente la obsesión, mientras que en un perro que correspondía sin lugar a dudas, al tipo débil, ésta desapareció por completo por influencia del bromo. Además, la inercia patológica crónica se hallaba con mayor frecuencia entre los animales castrados del tipo fuerte. Resulta interesante, por esto, la observación de Eugen Bleuler, quien en la última edición de su tratado dice que no quisiera considerar casual la coincidencia de la paranoia con la insuficiencia sexual, encontrada en casos por él bien estudiados. En lo tocante al otro signo diferencial entre ambas formas –la falta, en la paranoia, de una relación crítica hacia los síntomas de la enfermedad y su presencia en los estados obsesivos–, debe ser reducido, naturalmente, a la diferencia en la intensidad de la inercia patológica. Por lo tanto, consideraremos que en el tipo fuerte, la inercia patológica del proceso de excitación será muy grande e independiente, hasta inaccesible, en relación con la influencia de regiones sanas de la corteza, lo que condiciona fisiológicamente la falta de relación crítica. Además, es probable que el proceso excitatorio inerte, de fuerza considerable, produzca en su periferia, de acuerdo con la ley de la inducción negativa, una inhibición intensa y extendida, lo que debe llevar de nuevo al mismo resultado: excluir de dicho proceso la influencia de la corteza restante de los hemisferios... Estamos frente a la verdadera paranoia, en el sentido de Emil Kraepelin" (Pávlov, 1955d, pp.294-295, 296).

Según Pávlov, al final de un ejemplo, sobre una señorita que enferma de paranoia, tomado del libro de Kretschmer, se lee lo siguiente: "... Influida por la conversación con una amiga, quien afirmaba que en el Paraíso, Eva hablaba con la serpiente no como una seductora espiritual, sino sexual, nuestra paciente cambió de improviso la idea y sensación inesperada e invencible de que en ella se encontraba la serpiente, que se movía de continuo y que en oportunidades, su cabeza había llegado hasta su faringe. Vemos aquí una nueva idea inerte pero, ¿cómo surgió, por medio de qué proceso? Kretschmer da a este fenómeno la denominación de inercia y lo considera un giro reflejo: *ReflektorischerUmschalae.* A raíz de un fenómeno idéntico, en otro caso clínico, Kretschmer dice: "éste surgió en forma refleja, sin que mediara nada lógico". ¿Pero qué clase de reflejo es éste? ¿Dónde comienza y dónde termina? Nosotros conocemos y observamos este proceso en el laboratorio y podemos comprender su mecanismo fisiológico" (Pávlov, 1955d, p.297).

"En el caso de otra señorita que se sintió embarazada, ocurría casi exactamente lo mismo. Las consecuencias fueron las mismas, incluso hasta la inversión de la idea –Kretschmer le da el nombre de inversión a estos fenómenos, que se identifican evidentemente por su mecanismo, con el sentimiento de posesión–... En este caso, estudiado por Kretschmer y en el curso de muchos otros, se pudo ver con claridad cómo las ideas y sensaciones obsesivas alcanzan, algunas veces, el grado de ideas y sensaciones correspondientes a la realidad, según expresión de la enferma, quien no las consideraba patológicas. Así se mantenían durante un algún tiempo y luego eran de nuevo comprendidas objetivamente por la paciente, como manifestaciones de la enfermedad. Esto se hallaba relacionado con la repetición de las circunstancias complejas de la vida y, en consecuencia, también con las variaciones de estado del sistema nervioso, que ya mejoraba o se deprimía o se volvía a debilitar. Por último, con el correr de los años, todo pasó" (Pávlov, 1955d, pp.297-299).

"De esta manera, encontramos como base del delirio dos fenómenos fisiológicos: la inercia patológica y la fase paradojal, ya separados, sobreviniendo a un mismo tiempo o sustituyéndose el uno al otro" (Pávlov, 1955d, p.298). "Qué otra cosa puede ser comprendida como automatismo mental, que no sea un punto de un determinado proceso patológico de excitación inerte, alrededor del cual se concentra –por la ley de la generalización–, todo lo cercano, semejante y afín, y por el que es rechazado, inhibido –de acuerdo con la ley de la inducción negativa–, todo lo que le es ajeno?" (Pávlov, 1955d, p.299).

Y, en la carta abierta al Profesor Pierre Janet, que es una respuesta a sus propuestas publicadas un año antes, Pávlov (1955i, pp.277-280) escribió "la tercera parte de su artículo constituye un ensayo sobre interpretación de los sentimientos de posesión. En éstos, el fenómeno más importante radica en que los enfermos proyectan fuera de ellos su debilidad, sus defectos, los transportan a otras personas. Deben ser independientes y tienen la sensación invencible de que los esclavizan, obligándolos a cumplir órdenes; quieren ser estimados y sienten que les ofenden; quieren guardar secretos y se los descubren continuamente; poseen, como todos, ideas propias que se las roban, tienen costumbres inconvenientes y accesos patológicos, pero atribuyen a otros esos hábitos y accesos –objetividad intencionada–.

Usted da a estos hechos la siguiente interpretación: "en tales enfermos, muchas de las situaciones vitales más comunes son experimentadas como algo difícil, insoportable, patológico... el problema se refiere, como usted lo expresa, a pares de situaciones sociales opuestas: ser libre o esclavo, regalar o quitar, tender al aislamiento o buscar compañía, etc. Estos contrastes se confunden en los enfermos en sus períodos de depresión y el choque desagradable es proyectado fuera de ellos hacia otras personas.... Explica usted esta confusión por una combinación bastante compleja de sentimientos. Es preciso reconocer que lo expuesto nos brinda un análisis psicológico muy interesante. Pero me permito disentir con usted en la interpretación de este último punto... Nuestra noción general –categoría– de la oposición, es una de las nociones generales básicas e indispensables que, junto con otras, facilita, ordena y torna posible nuestro pensamiento sano. La relación con el mundo circundante, con el mundo social y con nosotros mismos, debe resultar inevitablemente deformada si se confunden de continuo los opuestos: el yo y el no yo; lo mío y lo vuestro; el deseo en un mismo momento, de estar solo y en compañía; el ofender y el ser ofendido, etc. Por consiguiente, debe ser una causa profunda la que produzca la desaparición o el debilitamiento de esta noción general. A mi entender, esta causa puede y debe ser buscada en las leyes generales de la actividad nerviosa. Sostengo que existen ahora en la fisiología, indicaciones en ese sentido...

Me atrevo a suponer que la base del debilitamiento de la noción de contraste de nuestros enfermos se encuentra en la fase ultraparadojal [donde las células corticales no reaccionan como normalmente lo hacen, con un efecto que corresponde a la fuerza del estímulo, sino que responden con el efecto contrario a su carácter, es decir, los estímulos inhibitorios producen efectos positivos, y los positivos, efectos negativos]. Todas las condiciones necesarias para que aparezca el estado paradojal en las células corticales, fueron comprobadas por usted en nuestros enfermos de una manera clara y evidente. En el encuentro con el conjunto de las manifestaciones vitales, como se trata de individuos débiles, éstos caen con facilidad en estados de depresión, intranquilidad y temor; pero, con todo, hay algo que ellos desean o no desean, y experimentan un refuerzo y concentración emocional de la imagen de estos deseos y rechazos en cuanto les es posible; –soy dueño y no esclavo; deseo estar solo y no en compañía; deseo tener secretos, etc.–, lo que es suficiente para que en estas condiciones aparezca fatalmente la imagen opuesta –soy esclavo; siempre hay alguien a mi lado; todos mis secretos son descubiertos, etc.–".

"Además de aclarar el mecanismo de las neurosis, el estudio fisiológico de la actividad nerviosa superior da la clave para interpretar algunos aspectos y manifestaciones de los cuadros psiquiátricos. Ante todo, nos detendremos en algunas formas de delirio, precisamente en el delirio de persecución, en lo que Pierre Janet denomina *sentimientos de posesión* y en la inversión de Kretschmer. El enfermo se siente perseguido justamente por aquello que él desea evitar: quiere mantener sus pensamientos en secreto e imagina que ineludiblemente se los descubren; desea estar solo y, aunque en realidad lo está en la habitación, le persigue el pensamiento inevitable de que en ella hay alguien con él, etc. –sentimiento de posesión según Pierre Janet–. Kretschmer describe el caso de dos mujeres, que habiendo llegado a la madurez sexual y sintiéndose atraídas por determinados hombres, por motivos especiales ahogaban en sí esta atracción. Esto desencadenó en ellas el desarrollo de una obsesión: a una le parecía, con gran sufrimiento de su parte, que su rostro reflejaba su excitación sexual y que por tal motivo llamaba la atención de todos, siendo muy preciado para ella como para la otra enferma también, su pureza sexual, su intangibilidad. Luego, súbitamente, comenzó a parecerle, e incluso a tener la sensación, que dentro de ella se hallaba el tentador sexual, la serpiente que tentó a Eva en el Paraíso, y que ésta se movía en su interior llegando hasta la boca. La otra se sintió embarazada. Kretschmer le da el nombre de inversión a estos fenómenos, que se identifican evidentemente por su mecanismo con el sentimiento de posesión. Este sentimiento subjetivo patológico puede ser comprendido sin esfuerzo, como una manifestación fisiológica de la fase ultraparadojal. La idea de la intangibilidad sexual, en su carácter de estímulo positivo fortísimo, que obraba sobre el fondo del estado de abatimiento, de inhibición, en el que se encontraban ambas mujeres, se convirtió en una imagen negativa opuesta igualmente fuerte, que llegó hasta el grado de la sensación. En una, la idea de llevar en su cuerpo el tentador sexual; en la otra, la idea del embarazo como resultado de un contacto sexual. Lo mismo ocurre en el enfermo con sentimiento de posesión. La fuerte idea positiva "estoy solo", se transforma, en las mismas condiciones, en su contraria: "al lado mío siempre hay alguien" (Pávlov, 1955c, pp.356-357).

"Se destaca en qué medida se superponen mutuamente y se fusionan los fenómenos fisiológicos con los sentimientos del mundo subjetivo, si confrontamos la fase ultraparadojal con los sentimientos de posesión, y la inversión y la inercia patológica del proceso excitatorio con la neurosis obsesiva y la paranoia" (Pávlov, 1955c, p.361).

"Encuentro admisible suponer que en la estereotipia, en la iteración y en la perseveración, como síntomas, y también en la esencia de la neurosis obsesiva y de la paranoia, el fenómeno fisiopatológico básico es único y siempre el mismo, y precisamente aquél que se puso de manifiesto en nuestros experimentos y al que le hemos designado con el término "inercia patológica". En la estereotipia, en la iteración y la perseveración, la *inercia patológica* se encuentra en el área motora de la corteza –tanto del movimiento esquelético general, como de los movimientos especiales del habla– y en la neurosis obsesiva y la paranoia, esta inercia se halla en otras células corticales ligadas con otras de nuestras sensaciones, sentidos y representaciones" (Pávlov, 1955d, p.288).

"La estereotipia y la perseveración son síntomas no infrecuentes en la histeria… En la neurosis obsesiva y en la paranoia, como enfermedades separadas, autónomas, el síntoma que nos interesa –la inercia patológica–, es el fundamental, característico, o casi toda la enfermedad" (Pávlov, 1955d, p.289).

18.2. Variaciones cíclicas en la neurosis del perro y su analogía con la ciclotimia y con la psicosis maníaco-depresiva (y/o posible trastorno bipolar).

"Normalmente, y también en personas sanas, el proceso excitatorio oscila, no solo en cuanto a su intensidad, sino también en cuanto a su movilidad. En algunos casos, la excitación es menos móvil; en otros lo es más, es decir, las personas ceden con mayor rapidez a la excitación, y comienzan a actuar con mayor prontitud bajo su influencia; de igual modo, una vez que el proceso de excitación ha terminado, su efecto desaparece en menor lapso que el que corresponde al otro tipo de hombre normal" (Pávlov, 1955l, pp.335-336).

"Un hecho que se observó repetidas veces en el estudio de los reflejos condicionados patológicos y que tiene franca relación con las neurosis y las psicosis humanas, es la variación cíclica en la actividad nerviosa. La alteración de esta actividad se ponía de manifiesto por oscilaciones más o menos regulares. A un período de actividad muy debilitada –los reflejos condicionados eran muy caóticos, desaparecían con frecuencia del todo o eran mínimos–, sucedía como si fuera en forma espontánea, luego de semanas o meses, sin causa visible, un retorno mayor o menor o completo a la normalidad, al que sustituía de nuevo uno de actividad patológica. Otras veces alternaban en los ciclos períodos de función débil, con otros de función anormalmente elevada. No puede dejarse de ver en estas oscilaciones, una analogía con la ciclotimia y con la psicosis maníaco-depresiva. Sería natural explicar esta periodicidad patológica por la alteración de las relaciones normales entre los procesos de excitación e inhibición, en lo referente a su acción recíproca. Como los procesos opuestos no se limitaban, uno al otro, a su debido tiempo y en la medida debida, sino que actuaban en forma independiente y desmesurada, el resultado de su trabajo llegaba a un extremo y solo entonces comenzaba el remplazo por el otro. De este modo, resultaba una periodicidad exagerada en exceso, de semanas y meses, en lugar de cotidiana y por lo mismo muy breve" (Pávlov, 1955c, p.360).

"La explosividad extraordinaria del proceso de excitación: ciertos reflejos condicionados aislados o todos ellos, eran causantes de un efecto secretorio, que se interrumpía aún en el curso de la acción del estímulo, y el perro ya no comía al ser reforzado el reflejo alimenticio. Evidentemente esto se relaciona con la gran labilidad del proceso de excitación, que se corresponde con la labilidad excitable de la clínica humana. No son raros en los perros, en ciertas condiciones, los casos de una forma débil de este fenómeno...

Se destaca en qué medida se superponen mutuamente y se fusionan los fenómenos fisiológicos con los sentimientos del mundo subjetivo, si confrontamos la fase ultraparadojal con los sentimientos de posesión, y la inversión y la inercia patológica del proceso excitatorio con la neurosis obsesiva y la paranoia… Todos los síntomas neuropatológicos que hemos mencionado aparecen en las condiciones correspondientes, tanto en los perros normales, es decir, que no han sufrido ninguna intervención quirúrgica, como así también –sobretodo las formas circulares–, en los animales castrados, o sea, sobre un fondo orgánico patológico. Es un debilitamiento manifiesto y predominante del proceso de inhibición que, sin embargo, se restablece considerablemente en los tipos fuertes" (Pávlov, 1955c, p.361).

"En lo referente a las causas inmediatas de las enfermedades estudiadas, hemos visto dos de ellas en nuestros experimentos: 1) la excitación fuerte y prolongada, es decir, la sobrecarga del proceso excitatorio, y 2) el choque de procesos opuestos… Ya la primera causa, analizada en nuestros animales, abre una larga serie de casos de la enfermedad estudiada posibles en el hombre. Tanto el desarrollo anormal como la agudización temporal de cualquier emoción, así como un estado patológico de cualquier órgano interno o de todo un sistema, pueden enviar a las células corticales correspondientes, durante cierto tiempo o en forma permanente, una excitación incesante o excesiva y provocar en ellas, por último, una inercia patológica, una representación y una sensación que persisten aun cuando la causa verdadera haya dejado de actuar. Lo mismo pudo ser producido por cualquier impresión fuerte y de nuevo contenido emotivo. También nuestra segunda causa debe producir un número igual o tal vez mayor de casos patológicos, pues toda nuestra vida es continua lucha, es choque de tendencias básicas, deseos y gustos, tanto con las condiciones generales de la naturaleza o las particulares de la sociedad.

Las causas patológicas indicadas pudieron concentrar la inercia patológica del proceso de excitación en las distintas instancias de las células de los hemisferios que perciben en forma directa, los estímulos de agentes externos o internos –primer sistema de señales–, o en las diferentes células cinestésicas, auditivas y visuales del sistema de la palabra – segundo sistema de señales–, y en ambas instancias con diferentes grados de intensidad: algunas veces, en el nivel de las representaciones y otras, aumentando la intensidad hasta alcanzar la fuerza de sensaciones reales –alucinaciones–.

Hemos visto en nuestros perros cómo, en algunas oportunidades, a consecuencia de la inercia patológica, el efecto del estímulo correspondiente sobrepasaba en forma notoria el efecto normal de otros estímulos. En lo que concierne a la tendencia a la enfermedad, común a la neurosis obsesiva y la paranoia, éste será naturalmente el mismo que en nuestro material de laboratorio y tendrá lugar en el tipo débil o en el fuerte, pero difícilmente en el tipo equilibrado de sistema nervioso. Ya sabemos por nuestros experimentos, qué importante es esta diferencia para el carácter inmediato de la enfermedad. Es muy difícil hacer objeciones en contra de la legitimidad del traslado de las conclusiones obtenidas en los animales, al hombre. Por supuesto, además del terreno congénito, son inevitables los casos de sistemas nerviosos inestables, frágiles, debidos a la incidencia en la vida de acontecimientos desagradables: lesiones traumáticas, infecciones, intoxicaciones y conmociones vitales muy intensas" (Pávlov, 1955d, pp.292-293).

18.3. Sugestión.

"Entre los fenómenos hipnóticos del hombre llama la atención, con todo derecho, el denominado *sugestión*. ¿Cómo interpretarla desde el punto de vista fisiológico? La palabra es para el hombre un estímulo condicionado tan real como todos los restantes comunes a él y a los animales, y de mayor alcance que cualquier otro, superando cualitativa y cuantitativamente a todo estímulo condicionado en los animales. La palabra está ligada a todos los estímulos externos e internos que llegan a los grandes hemisferios, los señala y sustituye... La sugestión es, pues, el reflejo condicionado más simple y típico en el hombre.

Estando inhibida en cierto grado la corteza cerebral del sujeto que comienza a ser hipnotizado, la palabra del hipnotizador, al concentrar la excitación, según la ley general, en una zona estrechamente limitada, provoca una profunda inhibición externa en toda la masa restante de los grandes hemisferios y por lo mismo excluye cualquier otra influencia concurrente de estímulos presentes o pasados.

La fuerza de la sugestión es un estímulo efectivo y presente, a diferencia de los sueños que son estímulos mediatos, en general antiguos, se olvidan y, rara vez adquieren alguna importancia vital. Además, la hipnosis representa una inhibición en grado menor que el sueño; en consecuencia, el efecto de la sugestión es doblemente superior al del sueño, debido al poder de su estímulo. Destaquemos por último que la sugestión como estímulo es breve, aislada e íntegra y, por ende, fuerte; los sueños representan una cadena de sucesivos estímulos diferentes y opuestos. El hecho de que se pueda sugestionar al hipnotizado de lo contrario de la realidad y provocar en él una reacción directamente opuesta a los estímulos verdaderos, podría comprenderse sin esfuerzo como un estado de fase paradojal en el sistema nervioso, en el que los estímulos débiles tienen mayor efecto que los fuertes. El hecho que ciertas fases de la hipnosis permanecen en el hombre relativamente estacionarias, se repite también en los perros" (Pávlov, 1955a, pp.170-171).

18.4. Síntomas y procesos de la ANS en la histeria.

"El estudio objetivo de la función nerviosa superior con el método de los reflejos condicionados, se amplió y profundizó a tal punto, que no parece muy arriesgado el intento de comprender y analizar con criterio fisiológico, un cuadro patológico tan complejo como el que representa la histeria con todas sus manifestaciones. Esto pese a que la histeria es considerada por los clínicos como enfermedad exclusivamente mental o, con preferencia, como una reacción psicógena frente al ambiente" (Pávlov, 1955e, pp.249).

"Entre las nociones que los clínicos poseen sobre la histeria, algunas engloban las características generales fundamentales de este estado patológico y otras destacan ciertos rasgos sobresalientes que son síntomas del mismo. Algunos clínicos hablan de lo que sería un retorno a la vida instintiva, es decir, emocional e incluso refleja; otros caracterizan a la enfermedad como sugestión, deduciendo de ésta la conducta y los llamados estigmas de la histeria –analgesia, parálisis, etc.–; hay quien coloca en primer plano un "deseo" mórbido; a otros les impresiona especialmente la fantasía, la falta de un contacto real con la vida; otros la consideran como una hipnosis crónica, y finalmente algunos hablan de la disminución de la capacidad de síntesis psíquica o de la alteración de la unidad del "yo". Es preciso suponer que el conjunto de estas ideas abarca plenamente toda la sintomatología de la histeria y la esencia de esta enfermedad... Pierre Janet dice directamente que la histeria es una enfermedad mental y que pertenece al vasto grupo de las enfermedades debidas a la debilidad y al agotamiento cerebrales. Siendo esto así, y teniendo en cuenta esta característica de la histeria, la debilidad, se refiere con preferencia a la zona superior del sistema nervioso central y de su sección superior, tal como ésta es representada en el estudio de los reflejos condicionados" (Pávlov, 1955e, p. 259).

"Habitualmente los grandes hemisferios, que constituyen el órgano supremo de la relación del organismo con el medio exterior y, por lo tanto, los reguladores permanentes de las funciones ejecutivas de aquél, mantienen bajo su constante influencia a las restantes secciones del encéfalo y su actividad instintiva y refleja. De aquí resulta que la eliminación o el debilitamiento de la actividad de los grandes hemisferios debe traer aparejada una actividad más o menos caótica de la subcorteza, que carece de la medida y concordancia adecuada con las condiciones del medio ambiente." (Pávlov, 1955e, pp.259-260).

"Así, vemos que el estado activo de los grandes hemisferios, que consiste en continuos análisis y síntesis de los estímulos externos, induce negativamente a la región subcortical, es decir, inhibe en general su actividad, dejando en libertad en forma efectiva solo las funciones requeridas por las condiciones de tiempo y lugar. Por el contrario, el estado de inhibición de los grandes hemisferios libera o induce positivamente a la subcorteza, es decir, refuerza su actividad general. En consecuencia, existe una base fisiológica suficiente para considerar que la inhibición de la corteza provocada por estímulos fuertes origine en los histéricos –en quienes los estímulos relativamente fuertes son muchos, a causa de la debilidad cortical–, diversos accesos afectivos que tienen, ya sea la forma de funciones instintivas y reflejas, más o menos definidas, ya una forma totalmente caótica, en concordancia con la localización y el desplazamiento de la inhibición en la corteza y en la subcorteza cercana o más alejada" (Pávlov, 1955e, p. 260) funcionalmente.

"Pero ésta es la expresión extrema y activa de un estado patológico. Si esta misma inhibición se difunde con mayor profundidad hacia abajo, por el encéfalo, tenemos ya otro estado del organismo histérico, extremo pero pasivo, en forma de una profunda hipnosis y finalmente de un sueño completo, que se prolonga no solo durante horas, sino también en el curso de algunos e incluso muchos días –letargia–. Tal diferencia entre los estados extremos está determinada, probablemente, no solo por los distintos grados de debilidad de los procesos de excitación e inhibición en la corteza, sino también por las relaciones de fuerza entre la corteza y la subcorteza, que pueden modificarse en forma aguda y crónica en un mismo individuo, o estar ligadas con distintas individualidades.

Los diferentes grados de debilidad de la corteza... condicionan también en forma inevitable el estado particular de los histéricos, que es la emotividad.... De modo que existen dos formas de coordinar todas las tendencias básicas del organismo: alimenticia, sexual, agresiva, investigadora, etc. –funciones de la subcorteza–. La primera, cuando después de que los grandes hemisferios realizaron, por así decir, una investigación preliminar, a veces instantánea, de la tendencia en cuestión, ésta es transformada por intermedio del área motora de la corteza, en la justa medida y en momento adecuado, en el acto motor o conducta correspondiente; ésta es la actividad racional.

La segunda, es aquella en la cual la acción se realiza solo por efecto de la tendencia –tal vez incluso directamente a través de las ligazones subcorticales–, sin el control cortical previo; ésta es la actividad afectiva, pasional. En la mayor parte de los histéricos predomina esta segunda forma de acción, según el mecanismo nervioso ya explicado: una tendencia nace por influjo de un estímulo externo o interno y provoca la actividad del punto o zona correspondiente de los grandes hemisferios. Bajo la influencia del estado emotivo, debido a la irradiación en la subcorteza, el punto estimulado adquiere un potencial extraordinario, y a causa de la debilidad existente en la corteza, ello basta para producir una fuerte inducción negativa difusa que excluye el control, la influencia de las regiones restantes de los hemisferios, en las que están representadas las otras tendencias, el medio ambiente, los rastros de excitaciones anteriores, de impresiones vivas y la experiencia acumulada. A éste se suma también otro mecanismo: la intensa excitación provocada por las emociones eleva la excitabilidad de la corteza y la lleva rápidamente al límite de su capacidad de trabajo y aún más allá de éste. En consecuencia, a la inducción negativa se suma la inhibición supramaximal. En esta forma, en mayor o menor grado, el sujeto histérico no vive una vida racional, sino emotiva, y no se rige por la actividad cortical, sino por la subcortical"[24] (Pávlov, 1955e, p. 260).

"A raíz de las continuas sugestiones ajenas no hechas conscientes y también de la autosugestión, la vida del histérico está colmada de toda clase de manifestaciones extrañas y singulares. Por ejemplo, en los casos de guerra, especialmente en los estudiados durante la contienda mundial. La guerra, que representa una amenaza permanente y grave contra la vida, es, por supuesto, el estímulo más natural para el miedo. Este representa, determinados procesos fisiológicos que en personas de sistema nervioso fuerte... desaparecen relativamente rápido; pero en personas de sistema nervioso débil estos síntomas se prolongan durante algún tiempo y las imposibilitan para la participación ulterior e inmediata en acciones militares, liberándolas así de la obligación de seguir arriesgando su vida.

Estos síntomas prolongados desaparecen por sí mismos con el tiempo, pero en el sistema nervioso débil, y precisamente a causa de su debilidad, se intensifica el mecanismo que los sostiene. La persistencia de los síntomas iniciales del miedo, y la vida gracias a ellos temporalmente exenta de peligro, coinciden en el tiempo, y de acuerdo con la ley de los reflejos condicionados tienen que asociarse, que ligarse. De aquí que la sensación y la representación de esos síntomas reciban un tinte emocional positivo y, naturalmente, se reproduzcan repetidas veces. Por una parte, de acuerdo con las leyes de la irradiación y la sumación, dichos síntomas apoyan y refuerzan desde la corteza a los centros reflejos inferiores de los síntomas del miedo y, por otra, poseen una intensa carga emocional que se acompaña en la corteza débil de una fuerte inducción negativa, excluyéndose así la influencia de otras ideas que hubieran podido contrarrestar la representación del agrado y deseo condicionados por estos síntomas. Carecemos pues, de base suficiente para afirmar que en este caso existe una premeditada simulación de los síntomas. Se trata de relaciones fisiológicas ineludibles.

Casos como éstos se presentan al histérico con frecuencia en la vida cotidiana... Muchos de los síntomas, producidos en un momento de suma excitación, se graban en la corteza por largo tiempo o para siempre; tal ocurre también en las personas sanas.

Otros de estos mismos síntomas son capaces de desaparecer con el tiempo en un sujeto normal; por el contrario, a veces, debido a diversas ventajas vitales o simplemente a que media un interés, resultan apoyados por una emoción, con un mecanismo idéntico al de los casos de guerra y se tornan estacionarios. Por supuesto, en un sujeto débil, que es evidentemente un inválido, incapaz de atraer la atención de los demás, ni granjearse su respeto o disposición favorable por sus cualidades positivas, estos mismos motivos obrarán especialmente para prolongar y reforzar los síntomas patológicos. De aquí también la fuga hacia la enfermedad y el deseo de contraerla, que constituyen el rasgo más característico de la histeria.

Entre estos síntomas, además de los que son positivos, existen también los negativos, es decir, síntomas tales como la analgesia y la parálisis, que son producidos en el sistema nervioso central, no ya por el proceso de excitación, sino por el inhibitorio" (Pávlov, 1955e, pp.264-266).

"Resulta fácilmente comprensible, desde el punto de vista fisiológico, el referirse, tal como lo hacen los clínicos, a la perturbación de la síntesis psíquica de la histeria –expresión de Pierre Janet–, o al desbordamiento del "yo"
–expresión de Raymond Roussel–. En la histeria, en lugar de la función unida y recíprocamente equilibrada de los tres sistemas indicados, tenemos una continua desunión de los mismos, hallándose además alterada su natural y correcta subordinación; es precisamente en ésa unión y en la debida dependencia de la función de estos sistemas, donde reside el fundamento de una personalidad sana y la integridad de nuestro "yo" (Pávlov, 1955e, pp.271-272).

"Como resultado final, en la histeria, sobre el fondo básico de la debilidad de los hemisferios, se manifiestan permanentemente en múltiples combinaciones, tres fenómenos particulares: el fácil pasaje al estado hipnótico en sus distintas fases, debido a que hasta los estímulos vitales comunes resultan supramaximales, y se acompañan de una inhibición supramaximal difusa –fase paradojal–; una fijación y una concentración extraordinarias de los procesos nerviosos en puntos corticales aislados, gracias al predominio de la subcorteza, y finalmente, la gran intensidad y difusión de la inducción negativa, es decir, del proceso inhibitorio, debida a la poca resistencia del tono de las restantes regiones corticales.

En las psicosis histéricas, como en el caso siguiente, de una mujer de algo más de cuarenta años que enfermó de puerilidad a raíz de graves sufrimientos en su vida familiar; vemos que después de un ataque de estupor, de una paresia general prolongada, la mujer cayó en la infancia. Se comporta ahora como una niña, aunque sin defectos generalizados y pronunciados en las esferas ética, intelectual y de vida cotidiana. Si se la observa con detenimiento, todo se reduce, al parecer, a la falta de inhibición fraccionada que acompaña en forma permanente a nuestra conducta, nuestros movimientos aislados, pensamientos y palabras, y diferencia el adulto del niño... ¿Puede volver este estado a la normalidad? La respuesta es variable; los psiquiatras afirman que en la juventud dura horas o días, pero puede también prolongarse más tiempo. En este caso, el estado es de relativa tranquilidad y satisfacción; el mecanismo puede actuar en forma de fuga en la enfermedad para huir de las dificultades vitales, haciéndose por último habitual e imposible de desarraigar. Por otra parte, la inhibición conmocionada y sobrecargada puede debilitarse, anularse en forma irreparable" (Pávlov, 1955e, pp.272-273).

18.5.   Papel de la compensación de funciones en la rehabilitación.

En los perros castrados "al cabo de muchos meses de actividad caótica, surgen en el trabajo un carácter cíclico que antes no existía; es decir, los perros no trabajan y no presentan el sistema de reflejos condicionados en forma continua, día a día, sino que lo hacen en forma desordenada y esta actividad comienza a variar periódicamente. Durante un tiempo es caótica y luego mejora por alguna causa, en forma espontánea y manifiesta, durante un período; se hace más ordenada. A medida que transcurre el tiempo, esta periodicidad resulta más evidente, con lo cual se hacen más seguidos y prolongados los períodos, hasta que después de varios años todo vuelve a la normalidad. Es indudable que este proceso indica alguna adaptación en el organismo" (Pávlov, 1955l, pp. 339- 340).

19.   La ANS en el análisis y estudio de otro tipo de enfermedades, el movimiento y la vejez.

19.1.   Papel de la subcorteza y las emociones en las relaciones del organismo con el medio interior y exterior.

"Tanto el proceso de excitación como el de inhibición se irradian sobre los hemisferios y sobre las secciones inferiores del cerebro, y luego se concentran en el punto de partida (Pávlov, 1955p. p.62).

"Ya que nuestra conducta general y la de los animales superiores se rigen normalmente –se tiene en cuenta organismos sanos–, por el segmento superior del sistema nervioso central, grandes hemisferios y subcorteza más cercana, el estudio de esta actividad nerviosa superior en condiciones normales, valiéndonos del método de los reflejos condicionados, debe llevar al conocimiento de los verdaderos tipos de la actividad nerviosa, de los modelos básicos de la conducta del hombre y de los animales superiores" (Pávlov, 1955o, p.303).

"Es de esperar que actos del organismo en los que, entre luego un elemento locomotor, actos que hasta ahora reciben denominaciones psicológicas como cólera, miedo y otros semejantes, sean pronto considerados como fruto de la actividad refleja de las partes subcorticales del encéfalo" (Pávlov, 1929, p.4).

"En los animales superiores, incluso el hombre, la primera

instancia para las complejas relaciones del organismo con el medio es la subcorteza más próxima a los hemisferios, con sus reflejos incondicionados complejos –en nuestra terminología– o instintos, atracciones, afectos, emociones –según la multiforme terminología habitual–. Estos reflejos se deben a un número relativamente restringido de agentes exteriores que son incondicionados, es decir, que actúan desde el momento del nacimiento. Ellos proporcionan una orientación limitada en el medio exterior y, junto con ella, una adaptación imperfecta. La segunda instancia está representada por los grandes hemisferios, con exclusión de los lóbulos frontales donde se origina con ayuda de los lazos condicionados, de las asociaciones, un nuevo principio funcional: la señalización de agentes externos incondicionados, poco numerosos, mediante un número infinito de otros agentes, sometidos a análisis y síntesis continuos, que dan la posibilidad de una orientación muy grande en el mismo medio y, a la par de ello, la de una adaptación mucho mayor. Esta constituye el único sistema de señales existente en los organismos animales y el primero en el hombre, en el que se agrega otro sistema de señales que se puede suponer radica en los lóbulos frontales[25], los que alcanzan menor desarrollo en el animal que en el hombre. Este es el sistema de señales, la palabra, con sus componentes básicos, los estímulos cinestésicos del lenguaje. Con esto se introduce en la actividad nerviosa superior un nuevo principio, la abstracción y, junto con ella, la generalización de las innumerables señales del sistema precedente, acompañada a su vez de nuevos análisis y síntesis de estas señales generalizadas. El principio expuesto permite una orientación sin límites en el mundo circundante y crea la adaptación superior en el hombre, la ciencia, tanto en la forma de un empirismo humano general, como en su forma más especializada. El segundo sistema de señales y su órgano son la última adquisición en el proceso evolutivo y, como tal, son especialmente frágiles; se someten, en primer lugar, a la inhibición difusa... Entonces, en lugar de la labor del segundo sistema de señales, que predomina habitualmente en el estado de vigilia, aflora la actividad del primer sistema, en un principio y con mayor constancia, surge en forma de ensueños y fantasía, y luego, en forma más aguda, como un estado crepuscular o de sueño ligero, libera el efecto regulador del segundo sistema de señales. De aquí el carácter caótico de esta actividad, que toma muy poco o nada de los hechos reales y que obedece principalmente a las influencias emocionales de la subcorteza.

Después de todo lo expuesto, resulta fácilmente comprensible, desde el punto de vista fisiológico, el referirse, tal como lo hacen los clínicos, a la perturbación de la síntesis psíquica en la histéria –expresión de Pierre Janet–, o al desdoblamiento del "yo" –expresión de Raymond Roussel–. En la histeria, en lugar de la función unida y recíprocamente equilibrada de los tres sistemas indicados, tenemos una continua desunión de los mismos, hallándose además alterada su natural y correcta subordinación, que es de donde emana y en donde reside el fundamento de una personalidad sana y de la integridad de nuestro "yo".

Como resultado final, en la histeria, sobre el fondo de debilidad de los hemisferios, se manifiestan permanentemente en múltiples combinaciones tres fenómenos particulares: a) el pasaje al estado hipnótico (inhibición generalizada), debido a que hasta los estímulos vitales comunes resultan supramaximales, acompañándose de una inhibición supramaximal difusa o fase paradojal; b) una fijación y concentración extraordinarias de los procesos nerviosos en puntos corticales aislados, gracias al predominio de la subcorteza y, c) la gran intensidad y difusión de la inducción negativa, es decir, del proceso inhibitorio, debidas a la poca resistencia del tono de las restantes regiones corticales" (Pávlov, 1955e pp.270-272).

Por otra parte, "en contraste con los estímulos moderadamente fuertes o con los débiles, un estímulo de suma intensidad, por lo general, no profundiza la inhibición, sino que produce un efecto positivo. Esto debe atribuirse a la acción directa del estímulo extraordinariamente fuerte sobre la región subcortical "y a que la gran excitación de la región subcortical se comunica también a la corteza, disipando o debilitando en ella el proceso inhibitorio... Cuando la monotonía del ambiente experimental comenzaba a actuar produciendo una inhibición difusa –hipnosis–, nos oponíamos a ello recurriendo, entre otros recursos, a aumentar la excitabilidad alimenticia de los perros disminuyendo su porción diaria de alimento. Es muy natural situar el aumento de la excitabilidad alimenticia, en este caso, en el centro alimenticio subcortical" (Pávlov, 1955n, p.229).

"Sabemos que el aparato locomotor envía constantemente a la corteza
–área motora– impulsos aferentes, centrípetos, que provienen de cada uno de sus elementos, lo que permite a la corteza dirigir los desplazamientos del esqueleto. Existe suficiente fundamento como para admitir que también otros órganos, e incluso tejidos aislados, se relacionan en esta forma con la corteza, pues es posible influir desde ésta sobre aquéllos. En la actualidad, la función condicionada, a la que se debe relacionar con las secciones superiores del sistema nervioso central, adquiere gran importancia biológica, pues se ha comprobado la existencia de leucositosis, inmunidad y otros diversos procesos orgánicos condicionados, aunque todavía no conocemos en forma exacta los vínculos nerviosos que intervienen en estos procesos en forma directa o indirecta. Esta última posibilidad, la de influir voluntariamente desde la corteza, es utilizada y puesta de manifiesto por nosotros muy rara vez y en condiciones extraordinarias, artificiales o anormales. La causa de ello reside, por una parte, en que excluyendo el aparato músculo-esquelético, la actividad de los demás órganos y tejidos es autorregulada en forma predominante por las secciones inferiores del sistema nervioso central y, por otra parte, dicha actividad está enmascarada por la actividad básica de los grandes hemisferios, orientada hacia las complejísimas

relaciones con el medio externo" atención[26]. (Pávlov, 1955e, p.258).

19.2. Papel de la representación funcional del organismo y sus sistemas en la corteza y su carácter (voluntario-involuntario).

"La confrontación simultánea de la reacción salival especial con la reacción motora nos da, por una parte, la posibilidad de distinguir lo parcial de lo general; por otra, la de renunciar a las representaciones y explicaciones antropomórficas banales, que se nos han acumulado en lo referente a la reacción motora de los animales... Las glándulas salivales se destacarán como objeto de investigación muy ventajoso. El área del sistema nervioso relacionada con el movimiento es tan extraordinariamente extensa, predomina de tal manera en la masa cerebral, que su más mínima destrucción da frecuentemente un resultado distinto al deseado y muy complejo. En cambio, dada la insignificancia fisiológica de las glándulas salivales, hay que pensar que la parte del sistema nervioso relacionada con ellas, forma un mínimo porcentaje de la masa cerebral y su distribución en el cerebro es tan pequeña, que su destrucción parcial y aislada, no ofrece las dificultades que presenta el aparato de inervación motora en el mismo caso" (Pávlov, 1955m, pp.28-29).

Los experimentos presentados por Pávlov en los cuales, por ejemplo, "el pan seco, al cual el perro apenas prestaba atención, provocaba a distancia mucha saliva, mientras que la carne sobre la que el perro se arrojaba con avidez desligándose del banco, entrechocando los dientes, cuando estaba a distancia, dejaba las glándulas salivales en reposo; permiten exponer que lo que es deseo en el mundo subjetivo, se expresaba en nuestro experimento solo en el movimiento del animal, pero no repercutía en sentido positivo sobre las glándulas salivales.

De modo que la frase: el deseo vehemente excita la función de las glándulas salivales o estomacales, no corresponde en absoluto a la realidad... De manera tal que debemos distinguir en nuestros experimentos, la reacción secretora del organismo, de la reacción motriz. En el caso de la función de las glándulas, al confrontar nuestros resultados con los fenómenos del mundo subjetivo, tenemos que hablar de una condición fundamental para el éxito del experimento, no ya de la presencia del deseo del perro, sino de su atención[27]. Su reacción salival podría ser representada en el mundo subjetivo como sustrato de una representación pura, elemental, del pensamiento" (Pávlov, 1955m, pp.24-25).

"Sobre la base de la hipnosis humana, es indispensable admitir que en la corteza existe también, junto a la grandiosa representación del mundo exterior a través de las fibras aferentes, una amplia representación, que es condición indispensable para la regulación superior de las funciones, del mundo interno del organismo, es decir, de los estados y funciones de un conjunto de procesos orgánicos internos... Mientras la representación del aparato músculo-esquelético es muy fina y detallada; la representación de otros procesos internos queda muy relegada. Este es en todo caso, un hecho fisiológico constante y es sobre esta base que se diferencian las funciones voluntarias e involuntarias del organismo y, por ello, solo se atribuye a las primeras la actividad de la musculatura esquelética" (Pávlov, 1955n, pp.223-224).

"También disponemos de algún material referente a los movimientos voluntarios, volitivos. Hemos demostrado, en concordancia con algunos de los primeros investigadores que el área motora de la corteza es, ante todo, receptora, como las áreas restantes: visual, auditiva y otras, al conseguir elaborar reflejos condicionados a los movimientos pasivos del animal, es decir, a las excitaciones cinestésicas de dicha área, en la misma forma en que los elaboramos ante todos los estímulos externos. Existe, además, otro hecho habitual, que hemos reproducido en el laboratorio, y que consiste en la formación de ligazones temporales entre todo tipo de estímulos externos y movimientos pasivos, obteniendo en esta forma, frente a ciertas señales, como respuesta, determinados movimientos activos del animal, pero queda sin aclarar en absoluto el problema de si el estímulo cinético está ligado, en forma condicionada o incondicionada, con el acto motor correspondiente. Fuera de este tema, el mecanismo del movimiento volitivo es un proceso condicionado, de asociación, que se somete a todas las leyes de la actividad nerviosa superior" (Pávlov, 1955n, pp.223-224).

"Decir carácter voluntario significa que el trabajo de la musculatura esquelética está determinado en primer lugar por su representación cortical, por medio del área motora de la corteza –según nuestra terminología, por el analizador motor–, ligada directamente con todos los analizadores externos, o sea que esta actividad está, de continuo, determinada en su sentido por el trabajo analítico y sintético de dichos analizadores.

Partiendo de los datos expuestos, hay que representar el mecanismo de formación de nuestro reflejo condicionado alimenticio de la siguiente manera: por una parte, se trata de la unión de los puntos corticales, involucrados por los estímulos condicionados, con el centro del reflejo alimenticio de la región subcortical con todas sus funciones particulares; por otra parte, es la unión más íntima con los puntos correspondientes, es decir, que participan en el acto de la comida, que pertenecen al analizador motor. La desunión entre los componentes secretor y motor de la reacción alimenticia durante la hipnosis, podría ser explicada entonces así. Debido al estado hipnótico dado, el estado de la corteza es el siguiente: el analizador motor está inhibido; los restantes, libres... Y, en esta forma, del acto alimenticio solo queda visible la reacción secretoria" (Pávlov, 1955n, pp.224-225).

"Consideremos el caso inverso. Frente al estímulo

condicionado artificial la saliva fluye, pero existe la reacción motora: el perro toma de inmediato la comida que se le alcanza. La explicación es ahora sencilla: se trataría de una débil inhibición de toda la corteza, en forma que un estímulo artificial sería suficiente para superar la inhibición existente. Solo al ser alcanzado el alimento, momento en que al estímulo condicionado artificial se suman estímulos naturales –aspecto y olor de la comida, que ya de por sí son más fuertes que los estímulos artificiales–, se produce el reflejo completo con ambos componentes. Hay todavía un caso que considerar y que se manifiesta fuera del estado hipnótico. El perro come el alimento, pero durante 10 o 20 segundos la saliva no fluye. Esto está ligado con el desarrollo de una inhibición en la corteza, con ayuda de estímulos condicionados artificiales en un determinado lapso. En este caso, hay que imaginarse el que, desde el punto de vista de los estímulos condicionados artificiales, se desarrolla una fuerte inhibición sobre todo del centro alimenticio subcortical con sus dos componentes, que no habían sido englobados por la inhibición, secretorio y motor y también sobre la sección correspondiente del analizador motor cortical. Al ser alcanzada la comida, desde los puntos correspondientes de los estímulos condicionados naturales más fuertes, que no habían sido englobados por la inhibición, se origina rápidamente una excitación de la sección alimenticia del analizador motor, que es más móvil en comparación con el centro subcortical, donde la inhibición solo se disipa en condiciones de una mayor actividad motora del estímulo incondicionado. Esto tal vez podría ser considerado análogo, aunque parcialmente, a la introducción intencional, volitiva del alimento en la boca, a su masticación y deglución cuando no se siente el menor apetito. Podemos admitir, con firmes argumentos, que la conexión condicionada con la secreción salival se realiza en la corteza a través de la representación cortical de las glándulas salivales, y así los casos de desunión entre la reacción secretora y motora se reducen a diversas localizaciones de la inhibición al originarse y extenderse el estado hipnótico" (Pávlov, 1955n, pp.225-226).

"Cuando el perro llega al estado hipnótico se produce una separación entre la secreción salival y la reacción motora alimenticia, dentro del reflejo condicionado alimenticio. Los hechos se desarrollan precisamente en esta forma: ya sea en el caso de estímulos condicionados artificiales o, más a menudo, con el estímulo natural de ver y oler la comida alcanzada, la saliva comienza a fluir en abundancia, pero el perro no toma la comida. He aquí que, en este estado de los animales, surgieron en nuestros actuales experimentos variaciones de la reacción motora alimenticia, muy diversas y sumamente interesantes. Evidentemente, las distintas variaciones, así como los distintos grados de intensidad de la hipnosis se revelan con preferencia en uno u otro de los animales. En uno de ellos, con menor grado de hipnosis solo se manifestó vivamente lo que denominamos en los enfermos mentales, negativismo. Después del estímulo condicionado, que duró algún tiempo, le alcanzamos la comida y el perro se apartó de ella; alejamos la escudilla con la comida y el perro se arrastró hacia ella. A la reacción de apartarse de la escudilla, la denominamos negativa o primera fase del negativismo; al movimiento hacia la comida, segunda fase o positiva..." (Pávlov, 1955n, p.216). "Pero basta con disipar la hipnosis, ya sea sacando el dispositivo atado al perro para recoger la saliva o desatando la cadena con la cual se lo conduce, la que durante el experimento queda atada al travesaño superior del banco, o por cualquier otro medio, para que el perro comience de inmediato a devorar con avidez el mismo alimento. En otro perro, la reacción alimenticia se presentó durante la hipnosis en una forma más compleja. Bajo la influencia de nuestros estímulos condicionados –generalmente al final de su acción aislada–, el perro, en caso de estar sentado, se incorporaba, y si estaba levantado, se volvía con todo el cuerpo en la dirección desde la que se le daba alimento, pero al serle alcanzado éste, apartaba la cabeza hacia un costado o hacia arriba, es decir, comenzaba la primera fase del negativismo. Si en ese momento se le alejaba la escudilla, el perro movía la cabeza hacia ella, siguiéndola; comenzaba la segunda fase. Después de algunas repeticiones del negativismo, el perro llegaba a tener la cabeza directamente sobre el alimento y no lo tomaba, no podía tomarlo. Comenzaba, como si fuese un gran esfuerzo, a abrir y cerrar el hocico paulatina y reiteradamente, pero en vano, pues no tomaba la comida –movimientos abortivos–. Luego movía las mandíbulas cada vez con mayor libertad. Comía el alimento, pero en cantidades muy pequeñas y finalmente lo tomaba con el hocico bien abierto y lo comía rápidamente; distinguiremos así, en esta fase de la hipnosis, tres estados diferentes en tres secciones de la musculatura esquelética que se relacionan con el acto de la alimentación: fuerte inhibición concentrada en la musculatura, más directamente relacionada con el acto de comer –músculos masticadores y linguales–, e importante inmovilidad, aunque en forma de una actividad periódica, en forma de negativismo, de la musculatura del cuello y, finalmente, una actividad normal de la restante musculatura del cuerpo" (Pávlov, 1955n, p.217).

"Cuanto más profunda era la hipnosis, tanto más inhibida, tanto más paralizada se encontraba la musculatura relacionada con el acto de comer: la lengua salía del hocico como paralizada y las mandíbulas permanecían inmóviles. En la musculatura del cuello, el negativismo se revelaba solo en una primera fase. Luego cesaban también, por completo, los movimientos de la cabeza y solo podía girar el cuerpo ante los estímulos condicionados. Por último, en una hipnosis aún más avanzada, cesaba también esta última reacción motora a los estímulos y al alimento. Todos estos fenómenos pueden ser suprimidos de inmediato, por medio de las mismas medidas mencionadas en la descripción del experimento con el primer perro. Hay que agregar todavía, en lo que se refiere a la reacción alimenticia en nuestros perros, lo siguiente: la más pequeña modificación en el aspecto del alimento, incluso en la manera de alcanzarlo, hace que la reacción motora negativa se transforme inmediatamente en positiva, es decir, que el perro tome el alimento que antes rechazaba" (Pávlov, 1955n, p.217-218).

19.3. La ANS en la vejez.

"En la vejez, los sistemas de reflejos condicionados que antes se reproducían bien en forma estereotipada, es decir, con efectos exactos de los estímulos, se tornan con frecuencia irregulares, caóticos y la regularidad, la constancia de los efectos, solo retorna con la simplificación del sistema, ya sea al excluir los reflejos negativos o al disminuir simultáneamente el número de los positivos. Resulta lógico explicar el mecanismo de estos hechos por el descenso que se produce con la edad, ante todo, de la movilidad de los procesos nerviosos, en forma tal que la inercia, el alargamiento de los mismos, lleva a que dentro de los antiguos intervalos se produzca ahora la mezcla y el choque de los efectos de distintos estímulos" (Pávlov, 1955l, p.325).

"En la vejez, con el descenso natural de la excitación de la corteza, se produce por sí solo, continuamente, un proceso que por su esencia es en todo igual al descrito en la histeria y, aunque en menor grado, en la sugestión hipnótica y posthipnótica donde una excitación, por una sensación o representación proveniente de la subcorteza, desde el exterior, o por asociaciones internas, actúa y se transforma en movimiento, en acto motor, no porque esté sustentada por alguna clase de asociación, es decir, por ligazones de excitaciones, sensaciones y representaciones presentes y pasadas, lo que hubiera sido un hecho lógico y racional, como corresponde a una corteza sana y fuerte, sino porque con una corteza débil, con tono débil y bajo, la excitación concentrada se acompaña de una inducción negativa fuerte, que la aísla de todas las restantes influencias indispensables. En una corteza todavía fuerte, las excitaciones externas o internas se concentran, incluso con bastante intensidad –pero no extraordinaria como en algunos casos excepcionales–, en determinado punto o región de la corteza, acompañándose, por supuesto, de una inducción negativa; pero gracias a la fortaleza del córtex no sobreviene una inhibición plena que se propague a regiones alejadas. Por eso junto a la excitación principal actúan, en cierto grado, las otras excitaciones concomitantes, que provocan los reflejos correspondientes, en especial reflejos antiguos, fijados, los llamados automatismos. En nuestra propia conducta, observamos que habitualmente no reaccionamos en forma aislada, sino en forma compleja, en correspondencia siempre con la múltiple composición del medio que nos rodea" (Pávlov, 1955e, pp.263-264).

"Al concentrarnos en una excitación, excluimos por medio de la inducción negativa a las otras excitaciones, colaterales pero simultáneas, y por eso no actuamos frecuentemente en concordancia con las condiciones dadas, es decir, no concluimos la elaboración de la reacción general a la totalidad del ambiente. Citaré un caso muy simple, miro un objeto que me interesa, lo tomo y veo muy poco o nada de lo que le rodea, de lo que contacta con él, y por eso lo rozó y chocó, sin necesidad, con los objetos vecinos. Esto es llamado en forma errónea distracción senil cuando, por el contrario, se trata de concentración, pero de una concentración involuntaria, pasiva, defectuosa. Por la misma razón, si un anciano, mientras se viste, piensa en otra cosa o habla con alguna persona, saldrá sin sombrero, tomará una prenda en lugar de otra, etc." (Pávlov, 1955e, p.264).

"Como conclusión, me permitiré hacer una indicación terapéutica de carácter tal vez sólo sentimental y no práctica. Pero al indiscutible progreso en el trato con enfermos mentales, experimentado desde antiguo hasta nuestros días, considero que resta todavía algo que desear. En la mayoría de los casos, la proximidad de enfermos que ya tienen en cierta medida consciencia de sí mismos, con otros irresponsables, que pueden actuar sobre aquellos, por una parte, provocando intensas excitaciones en forma de gritos y escenas desacostumbradas, y por otra con agresiones directas, debe ser considerado como una circunstancia excesiva, como un peso aún mayor sobre las débiles células corticales. Además, en el enfermo ya consciente, constituyen nuevos y serios ataques contra dichas células, la violación de sus derechos humanos, representada con frecuencia por la limitación de su libertad, la forma espontánea y natural con que el personal médico y de servicio se refiere al paciente al tratarlo como irresponsable. Por consiguiente, es preciso trasladar a estos enfermos, a su debido tiempo, a la situación de los que padecen cualquier otra enfermedad, que no hiera en forma tan directa su sentimiento de dignidad humana" (Pávlov, 1955t, p.199).

BIBLIOGRAFÍA

Anderson M. *Desarrollo de la inteligencia.* Ed. Alfaomega y Oxford University Press. México. 2008.

Asratian Ezras Asratovich, y Simonov Pavel. *La función del cerebro.* Ed. Grijalbo, México. 1968.

Beckley Bill. *Introduction.* En Gilbert-Rol Jeremy. *Beauty and the Contemporary Sublime.* Allworth Press. New York, 1999.

Brett George. S. *Historia de la psicología.* Ed. Paidós. Argentina. 1972.

Bridgeman Bruce. *Biología del comportamiento y de la mente.* Edit. Alianza. Madrid, 1991.

Colodrón Antonio. *A modo de prólogo.* En: Pávlov, Iván Pétrovich. *La Actividad Nerviosa Superior (Obras escogidas).* Edit. Orbis. Barcelona, 1986.

Congreso de los Estados Unidos Mexicanos. *Ley general de salud.* Ed. Diario Oficial de la Federación (DOF). 20 de abril de 2015.

Eysenck Hans Jürgen. *Decadencia y caída del imperio freudiano.* Buenos Aires, 2004.

Ferrer Puig Ramón. *Tècniques d`Ergonomia.* Departament de

Metodologia de les Ciències del Comportament. Universitat de Barcelona. Barcelona, 1997.

Ferrús Alberto. *Reflexiones entre el cerebro y los genes*. En Mora Teruel, Francisco. *El cerebro íntimo, ensayos sobre la neurociencia*. Edit. Ariel. Barcelona. 1996.

Finger Stanley. *Origins of neuroscience: A history of explorations into brain function*. Oxford University Press. New York, 1994.

Gagarin Yuri. *Veo la tierra*. Edit. Progreso. URSS, 1982.

Galán Santamaría Enrique. *Sigmund Freud, después del sueño*. En *Freud, 150 años después del sueño*. Gaceta Cultural ABCD. Las artes y las letras, N° 744, 6 al 12 de mayo. Madrid, 2006.

Garret Henry E. *Las grandes realizaciones en la psicología experimental. Primera Ed. 1930,* Quinta Ed. Fondo de Cultura Económica. México.1975.

Israëls Hans. *El caso Freud: histeria y cocaína*. Edit. FCE. México, 1993.

Kandel Erik Richard, Schwarzt John Henry y Jessell Thomas M. *Neurociencia y conducta*. Edit. Prentice Hall. Madrid, 1997.

López Antúnez Luis. *Anatomía funcional del sistema nervioso*. Edit. Limusa. México, 1997. 784 págs.

Luria Alexander Romanovich. *Las funciones corticales superiores del hombre*. Edit. Orbe. La Habana, 1977.

Martínez Montavéz, Pablo. *Cara a cara con Antonio San José*. En: La guerra de Irak.CNN. http:www.plus.es/codigo/noticias/especiales/caraacara.asp?id=218166&num=1

Meulders Michel y Boisacq-Schepens Nicole. *Manual de Neuropsicofisiología*. Tomo 1. Funciones sensoriomotoras. Edit. Toray-Masson. Barcelona, 1980.

Ortíz M. G. I., Pardo R. J. M., y Díaz de L. J. Ministros Presidente,

Ponente y Secretario respectivamente *Amparo Directo en revisión 842/2012*. Acuerdo de la Primera Sala de la Suprema Corte de Justicia de la Nación. 06 junio de 2012

Pasantes Ordoñez Herminia. *De neuronas, emociones y motivaciones*. Fondo de Cultura Económica. México, 1997.

Pávlov Iván Pétrovich. *Aplicación al hombre de datos experimentales obtenidos en animales*. En Pávlov, Iván Pétrovich. *Los reflejos condicionados aplicados a la Psicopatología y Psiquiatría*. Edit. Pueblos Unidos. Montevideo, 1955a, pp.155-174.

Pávlov Iván Pétrovich. *Ejemplo de una neurosis provocada en forma experimental en un perro de sistema nervioso débil, y su curación*[28]. En Pávlov, Iván Pétrovich. *Los reflejos condicionados aplicados a la Psicopatología y Psiquiatría*. Edit. Pueblos Unidos. Montevideo, 1955b, pp.209-213.

Pávlov Iván Pétrovich. *El problema del sueño*[29]. En Pávlov, Iván Pétrovich. *Reflejos condicionados e inhibiciones*. Edit. Península. Barcelona. 1975b, pp.183-202.

Pávlov Iván Pétrovich. *El problema del sueño*[30]. En: Reflejos condicionados e inhibiciones. Edit. Planeta-Agostini, Barcelona, Barcelona, 1993a, pp.183-202.

Pávlov Iván Pétrovich. *El reflejo condicionado*[31]. En Pávlov, Iván Pétrovich. *Los reflejos condicionados aplicados a la Psicopatología y Psiquiatría*. Edit. Pueblos Unidos. Montevideo, 1955c, pp.353-361.

Pávlov Iván Pétrovich. *El reflejo condicionado*[32]. En Pávlov, Iván Pétrovich. *Reflejos condicionados e inhibiciones*. Edit. Península. Barcelona, 1975c. pp. 203-228.

Pávlov Iván Pétrovich. *El reflejo condicionado*[33]. Universidad Nacional Autónoma de México (UNAM). México, 1987.

Pávlov Iván Pétrovich. *El reflejo condicional*[34]. En: Pávlov, Iván

Pétrovich. *Fisiología y Psicología*. Alianza Editorial. Madrid, 1976c. pp.21-50.

Pávlov Iván Pétrovich. *El tipo inhibido de sistema nervioso en los perros*[35]. En: Pávlov, Iván Pétrovich. *Los reflejos condicionados aplicados a la Psicopatología y Psiquiatría*. Edit. Pueblos Unidos. Montevideo, 1955q, pp.73-81.

Pávlov Iván Pétrovich. *El trabajo de los grandes hemisferios cerebrales (1)*[36]. En: Reflejos condicionados e inhibiciones. Edit. Planeta-Agostini, Barcelona, 1993b. pp.96-114.

Pávlov Iván Pétrovich. *El trabajo de los grandes hemisferios cerebrales (2)*[37]. En Pávlov, Iván Pétrovich. *Reflejos condicionados e inhibiciones*. Edit. Península. Barcelona, 1975d. pp.96-114.

Pávlov Iván Pétrovich. *Ensayo de comprensión fisiológica de la neurosis obsesiva y de la paranoia*[38]. En Pávlov, Iván Pétrovich. *Los reflejos condicionados aplicados a la Psicopatología y Psiquiatría*. Edit. Pueblos Unidos. Montevideo, 1955d. pp.283-299.

Pávlov Iván Pétrovich. *Ensayo de comprensión fisiológica de la sintomatología de la histeria*. En Pávlov, Iván Pétrovich. *Los reflejos condicionados aplicados a la Psicopatología y Psiquiatría*[39]. Edit. Pueblos Unidos. Montevideo, 1955e. 249-275.

Pávlov Iván Pétrovich. *Estado normal y patológico de los grandes hemisferios*[40]. En: Pávlov, Iván Pétrovich. *Los reflejos condicionados aplicados a la Psicopatología y Psiquiatría*. Edit. Pueblos Unidos. Montevideo, 1955f, pp.59-72.

Pávlov Iván Pétrovich. *Estados patológicos de los grandes hemisferios, consecutivos a influencias funcionales que actúan sobre ellos*. En: *Los reflejos condicionados aplicados a la Psicopatología y Psiquiatría*. Edit. Pueblos Unidos. Montevideo, 1955r, pp.129-154.

Pávlov Iván Pétrovich. *Excursión de prueba de un fisiólogo en el dominio de la psiquiatría.* En: Pávlov, Iván Pétrovich[41]. *Los reflejos condicionados aplicados a la Psicopatología y Psiquiatría.* Edit. Pueblos Unidos. Montevideo, 1955t, pp.193-204.

Pávlov Iván Pétrovich. *Fisiología de la actividad nerviosa superior*[42]. En Pávlov, Iván Pétrovich. *Los reflejos condicionados aplicados a la Psicopatología y Psiquiatría.* Edit. Pueblos Unidos. Montevideo, 1955g. pp.231-247.

Pávlov Iván Pétrovich. *La actividad psíquica de los animales superiores*[43]. En Pávlov, Iván Pétrovich. *Reflejos condicionados e inhibiciones.* Edit. Península. Barcelona, 1975e. pp.59-76.

Pávlov Iván Pétrovich. *La secreción psíquica de las glándulas salivales*[44]. En Pávlov Iván Pétrovich. Reflejos condicionados e inhibiciones. Edit. Península. Barcelona, 1975f. pp. 41-58.

Pávlov Iván Pétrovich. *La secreción psíquica de las glándulas salivares*[45]. En: Reflejos condicionados e inhibiciones. Edit. Planeta-Agostini, Barcelona, 1993c. pp.41-58.

Pávlov Iván Pétrovich. *Las ciencias naturales y el cerebro*[46]. En Pávlov, Iván Pétrovich. *Reflejos condicionados e inhibiciones.* Edit. Península. Barcelona, 1975g. pp.27-40.

Pávlov Iván Pétrovich. *Las ciencias naturales y el cerebro*[47]. En: Pávlov, Iván Pétrovich. *Fisiología y Psicología.* Alianza Editorial. Madrid, 1976d. pp128-142.

Pávlov Iván Pétrovich. *Los reflejos condicionados: lecciones sobre la función de los grandes hemisferios.* Edit. Morata. Madrid, 1929.

Pávlov Iván Pétrovich. *Los sentimientos de posesión. -Les sentiments d'emprise-, y la fase ultraparadojal (Carta abierta al profesor Pierre Janet)*[48]. En: Pávlov, Iván Pétrovich. *Los reflejos condicionados aplicados a la Psicopatología y Psiquiatría.* Ed. Pueblos Unidos. Montevideo, 1955i, pp. 277-282.

Pávlov Iván Pétrovich. *Los tipos de la actividad nerviosa superior en relación con neurosis y psicosis, y mecanismo fisiológico de los síntomas neuróticos y psicóticos*[49]. En: Pávlov, Iván Pétrovich. *Los reflejos condicionados aplicados a la Psicopatología y Psiquiatría.* Edit. Pueblos Unidos. Montevideo, 1955j, pp.363-368.426 págs.

Pávlov Iván Pétrovich. *Mecanismo fisiológico de los movimientos voluntarios*[50]. En: Pávlov, Iván Pétrovich. *Fisiología y Psicología.* Ed. Alianza Editorial. Madrid, 1976e. pp143-148.

Pávlov Iván Pétrovich. Neurosis experimental. En Pávlov, Iván Pétrovich. *Los reflejos condicionados aplicados a la Psicopatología y Psiquiatría*[51]. Ed. Pueblos Unidos. Montevideo, 1955k. pp.201-204.

Pávlov Iván Pétrovich. *Patología experimental de la actividad nerviosa superior*[52]. En Pávlov, Iván Pétrovich. *Los reflejos condicionados aplicados a la Psicopatología y Psiquiatría.* Ed. Pueblos Unidos. Montevideo, 1955l. pp.331-352.

Pávlov Iván Pétrovich. *Psicología y psicopatología experimental en los animales*[53]. En Pávlov, Iván Pétrovich. *Los reflejos condicionados aplicados a la Psicopatología y Psiquiatría.* Ed. Pueblos Unidos. Montevideo, 1955m. 13-31.

Pávlov Iván Pétrovich. *Relaciones entre la excitación y la inhibición. Delimitación entre ambas y neurosis experimental en perros*[54]. En Pávlov, Iván Pétrovich. *Los reflejos condicionados aplicados a la Psicopatología y Psiquiatría.* Ed. Pueblos Unidos. Montevideo, 1955p. pp.45-58

Pávlov Iván Pétrovich. *Sobre la fisiología del estado hipnótico del perro (en colaboración con la Dra. Petrova)*[55]. En Pávlov, Iván Pétrovich. *Los reflejos condicionados aplicados a la Psicopatología y Psiquiatría.* Ed. Pueblos Unidos. Montevideo, 1955n. pp.215-229.
Pávlov Iván Pétrovich. *Sobre las neurosis del hombre y del animal*[56]. En Pávlov, Iván Pétrovich. *Los reflejos condicionados aplicados a la Psicopatología y Psiquiatría.* Ed. Pueblos Unidos. Montevideo, 1955ñ. pp.205-208.

Pávlov Iván Pétrovich. *Tipología de la actividad nerviosa superior:*

neurosis y psicosis[57]. En Reflejos condicionados e inhibiciones. En Pávlov, Iván Pétrovich. *Reflejos condicionados e inhibiciones.* Edit. Península. Barcelona, 1975h. pp.176-182.

Pávlov Iván Pétrovich. *Tipos generales de actividad nerviosa superior de los animales y del hombre*[58]. En Pávlov, Iván Pétrovich. *Los reflejos condicionados aplicados a la Psicopatología y Psiquiatría.* Ed. Pueblos Unidos. Montevideo, 1955o. pp.301-330.

Pávlov Iván Pétrovich.*Distintos tipos de sistema nervioso. Estados patológivcos de los grandes hemisferios consecutivos a influencias funcionales sobre los mismos.* En: Pávlov, Iván Pétrovich. *Los reflejos condicionados aplicados a la Psicopatología y Psiquiatría.* Edit. Pueblos Unidos. Montevideo, 1955s, pp.107-127.

Pichot P., López-Iber A., y Valdés M. M. *DSM-IV: Manual de diagnóstico y es estadístico de los trastornos mentales.* Ed. Masson. Barcelona. España. 1995.

Presidente de los Estados Unidos Mexicanos. *Reglamento de Reclutamiento de Personal para el Ejército y Fuerza Aérea Mexicanos.* Ed. Diario Oficial de la Federación (DOF), México, D.F. 4 de julio de 2012.

Presidente de los Estados Unidos Mexicanos. *Reglamento Federal de Seguridad y Salud en el Trabajo,* Ed. Diario Oficial de la Federación. (DOF). 13 de noviembre de 2014.

Rea Tizcareño Christian. *Aprueban diputados reforma constitucional a favor del Estado laico.* NotieSe. Agencia especializada de noticias. Sección Noticias. México. febrero 11, 2010.

Ribes Iñiesta E. *Ribes Iñiesta Emilio.* En: Caso Niebla J. (coord.). Voces de la Psicología Mexicana. Ed. Sociedad Mexicana de Psicología, Facultad de Psicología. UNAM. México. 2012.

Rosenzweig Mark R., y Leiman Arnold L. *Psicología Fisiológica.* Edit. McGraw-Hill. México. 1992.

Rozo J.A., & Rodríguez-Moreno A., *Santiago Ramón y Cajal e Ivan Petrovich Pavlov: Vidas paralelas de dos grandes científicos.* Ed. Bibliomedia Editores. Bogotá, Colombia. 2014.

Sánchez Sosa J. J. *Juan José Sánchez Sosa.* En: Caso Niebla J. (coord.). Voces de la Psicología Mexicana. Ed. Sociedad Mexicana de Psicología, Facultad de Psicología. UNAM. México. 2012.

Skinner B. F. *Autobiografía 1: Detalles de mi vida.* Edit. Fontanella. Barcelona. 1980a.

Skinner B. F. *Autobiografía 2: Cómo se forma un conductista.* Edit. Fontanella. Barcelona, 1980b.

Smolenski Ivanov A. *Palabras finales.* En: Sesión científica consagrada a los problemas de la doctrina fisiológica del académico I. Pávlov". Ed. Academia de Ciencias de la U.R.S.S. y Academia de Ciencias Médicas de la U.R.S.S., Ed. Lenguas Extranjeras. Moscú, 1951a. pp 154-166.

Sokolov Y. N. *Percepción y reflejo condicionado.* Edit. Trillas. México, 1982.

Suprema Corte de Justicia de la Nación. *Válidas, reformas que permiten en DF matrimonio entre personas del mismo sexo y que éstas adopten menores.* Comunicado de Prensa No. 186/2010. México, agosto 16, 2010.

Tatárinov Vasili Georgievich. *Anatomía y fisiología humanas.* Ed. Mir. México. 1994.

The Department of Economic and Social Affairs. *The Inequality Predicament: Report on the World Social Situation 2005.* Informe Técnico. DESA. United Nations. New York. Recuperado en marzo de 2006 de la dirección de internet www.un.org/esa/socdev/rwss/rwss.htm

Watson John Broadus. *Psicología como la ve el conductista (1913).* En: Brennan J.F. *Psicología: Historia y sistemas.* Lecturas. Ed.

Pearson Educación. México. 2000. pp.204-217.

Wendell L. French. *Administración de personal: Desarrollo de Recursos Humanos*. Ed. Limusa. México. 1993.

Zimbrón A. y Feingold M. *Odontología contemporánea en México: Etapa inicial (1900-1930)*. Ed. UNAM y Centro Regional de Investigaciones Multidisciplinarias. México. 1989.

---

[1] Según Meulders M. y Boisacq-Schepens N. (1980, p. 6) "Para que el organismo pueda mantener su equilibrio con el entorno, debe responder adecuadamente al mismo, debe desarrollar comportamientos con dirección y significación específica, que efectúa gracias a diversos mecanismos neurofisiológicos esenciales en el mantenimiento de la homeostasis del individuo".

[2] La publicación referida fue inicialmente una conferencia pronunciada en honor de T. Thomas Henry Huxley en la Charing Cross Hospital Medical School de Londres, en 1906, bajo el título "Progresos recientes de las ciencias en relación con la medicina y la cirugía".

[3] A propósito de este tema, el lector puede consultar la Nota 10 del pie de página del Capítulo V.

[4] Se recomienda al lector consultar en el Anexo VI, sobre las estructuras y procesos inhibitorios que acompañan a los procesos excitatorios.

[5] En algunas enfermedades, estas relaciones se perturban, la excitación se extiende a ambos grupos de células nerviosas y los músculos se contraen cada vez más, pero el miembro no se mueve.

[6] La conclusión mencionada se presentó en la ponencia leída el 30 de junio de 1935 en Londres, durante la Asamblea General del Segundo Congreso Neurológico Internacional.

[7] Es decir, que hay dos procesos de inducción: positiva y negativa, que se manifiestan respectivamente, ante la presencia de un punto concentrado de inhibición o de excitación.

[8] El proceso a que se hace alusión se conoce como *transducción*.

[9] En condiciones normales la respuesta de las células corticales y el organismo entero responde de manera proporcional a la fuerza de los estímulos, en cambio, cuando está alterada sus reacciones o respuesta se modifica, siguiendo cualquiera de las tres fases de la alteración fisiológica en que se encuentre: igualación, paradójica o ultraparadójica. En unas ocasiones predomina la excitación y en otras la inhibición, unas veces como depresión, sueño, o estancamiento, y en otras con explosividad o labilidad.

[10] Pávlov comprendía por estado hipnótico a todos aquellos estados que se mantuvieran fuera del de vigilia, a excepción, del estado de inconsciencia, por lo que el animal era capaz de reaccionar al entorno, solo que sus reacciones eran distintas al estado normal por influencia de ésta.

[11] Según Meulders y Boisacq-Schepens (1980, pp. 39-40), Kandel y cols. (1997) y López Antúnez (1997), en condiciones normales, el patrón de respuesta del sistema nervioso a la estimulación es lineal. Esto es, que la respuesta del sistema nervioso es directamente proporcional a la energía tensional de los estímulos. No obstante, las dos primeras condiciones para que el patrón de respuesta nervioso y conductual sean lineales, en relación a la energía tensional del estímulo, son: primero, que la energía tensional del estímulo se mantenga entre los límites mínimo (umbral de respuesta) y máximo, a los que el sistema nervioso puede reaccionar en condiciones normales y, segundo, que esa energía estimular no ponga en dificultad o en riesgo de fallo (físico o psíquico), a los controles (físicos y/o psíquicos), del organismo. Por tanto, cuando la energía estímular o su significado está fuera de esos parámetros, las respuestas nerviosas y conductuales también dejarán de ser proporcionales e incluso podrán oponerse en intensidad y/o carácter; las reacciones desusadas serán entonces, un intento por lograr un "equilibrio" ante el desfase que el organismo y su ANS experimenta, sufre y padece en relación con su histórico y actualizado entorno.

[12] Habría que pensar sobre las aplicaciones higiénicas recomendables para los humanos que se someten a ayunos prolongados.

[13] Los dos procesos: excitación e inhibición y sus propiedades: 1. intensidad o fuerza; 2. su correlación (en forma de equilibrio o desequilibrio), y 3. su movilidad (en forma de inercia o labilidad).

[14] El aprendizaje escolar de niños desnutridos y anémicos se encuentra disminuido, debido entre otras cosas a que la dinámica y fuerza de su actividad nerviosa superior también se encuentran por debajo de los niveles esperados. Estas últimas condiciones, junto con los altos niveles de exigencia en los procesos de memorización en este tipo de niños, promueven en ellos un alto esfuerzo psíquico que, como estímulo supramaximal, pueden resultar en su momento, en la excitación del resto del encéfalo. En consecuencia, en una misma aula tendremos tanto a niños aletargados como agitados, y ambos, con latencias largas para poder reproducir (después de demasiadas repeticiones) eficazmente el material, aunque con un bajo nivel de comprensión, debido a la presencia de un tono de inhibición inducida al resto de la actividad cortical.

[15] La forma de reaccionar ante los sistemas de reflejos condicionados, aprendidos, nos señala: la capacidad de trabajo del sistema nervioso en cuestión, la "facilidad" o "preferencia", y la "dificultad" o "reticencia" para trabajar ante estímulos de mayor o menor complejidad estructural.

[16] El proceso de "no dar comida ("reforzar"), después de aplicar el estímulo, se conoce con el nombre de "extinción".

[17] Retomando lo que ya apuntaba Pávlov, son tres los mecanismos responsables de la producción del sueño: a) por influencia de la actividad o trabajo desarrollado por los hemisferios cerebrales, incluidos están, desde luego, el córtex y las regiones subcorticales; b) por influencia pasiva, propia de la actividad cíclica del organismo, por lo que aquí tiene gran importancia la actividad de los llamados "núcleos del sueño" y, c) debido a la insuficiencia de excitación de la actividad cortical. En estos mecanismos juegan un importantísimo papel las influencias sensoriales, que existiendo en intensidad y cantidad suficiente organizan, pero en exceso desorganizan y su insuficiencia inhibe el estado de vigilia y el equilibrio de relación del organismo con su entorno.

[18] Esto es, se producen en el perro distintos *reflejos condicionados* ante diferentes estímulos, cuya relación entre sí, es que actúan sobre una misma cualidad sensorial diferentes estímulos que actúan en un mismo sector general de la corteza.

[19] Complementando, debemos decir que el proceso también ocurre en sentido inverso.

[20] En un caso real, por ejemplo, una niña de 3 años no fue capaz de inhibir el "chuparse el dedo" cuando se le retiró de la boca durante un número elevado de repeticiones. Esto siempre se acompañó de gritos y lloridos (excitación defensiva fuerte e inhibición débil). No obstante, cuando se respetó el estímulo temporal condicionado del horario para comer, y cuando se entregó vaso en lugar de biberón, fue fácilmente aceptado (lo que habla de una buena movilidad del proceso de excitación).

[21] Se trata evidentemente, de una reacción inútil condicionada azarosamente, que se mantiene obsesivamente en el tiempo. Es equivalente, por principio a lo que en condicionamiento operante se denomina "superstición". No obstante, cuando la *superstición* propicia más dificultades que beneficios entonces, su intromisión adquiere el carácter patológico, obsesivo.

[22] Es sorprendente la relación que puede establecerse entre la información aquí vertida, con el comportamiento social de grupos humanos que han crecido bajo el paternalismo, lo que de alguna manera les ha impedido enfrentarse al mundo por sí mismos y cuando esto sucede, sus reacciones son las de "cobardía" ante lo nuevo, aunque represente sus propios intereses, como resultado de la alóstasis.

[23] Por estado hipnótico Pávlov comprendía el estado de somnolencia, como manifestación de la irradiación de la inhibición. Cuánto menos profunda y más limitada puede dar lugar en el hombre, a la sugestión.

[24] El tipo débil (a nivel individual o a nivel de grupos sociales), "ama" la regularidad, por lo que el cambio es soportado siempre y cuando vaya

aparejado a las propias oscilaciones internas o bien, cuando el cambio no es lo suficientemente abrupto o fuerte, es decir, siempre y cuando el cambio sea suave y una consecuencia lógica de los eventos de la vida. Por ello, cuando sobreviene un estímulo fuerte, se produce en los sujetos de tipo débil, una ruptura con el contexto y la experiencia acumulada, es decir, debido a la inducción negativa –caso parecido al que ocurre en la vejez por debilidad de la excitación cortical–, se aísla un punto cortical del resto del encéfalo, y solo prevalecen las conexiones entre los estímulos cercanos, precisamente aquellos que desencadenan las reacciones. Además, si la característica de la movilidad en el tipo débil es la inercia, el resultado final es un estado emocional relativamente permanente, donde el sujeto parece encontrarse cercado, controlado y "empantanado" por esas ligas o conexiones.

[25] Pávlov se equivocó en asignar, sin la investigación correspondiente, a los lóbulos frontales la función de la palabra, aunque su trabajo coincidió con el publicado hasta 1932 por Jackson (Finger S., 1994). No obstante, la participación de estos en la atención y dirección del comportamiento está aceptada. Por tal situación, en esos años se afirmaba que la localización del síntoma no coincidía en modo alguno con la localización de la función alterada, así como también en que hay niveles funcionales jerárquicos. La investigación que amplió los conocimientos y estado de la fisiología y de la neurología de ese tiempo, tuvo que esperar. Mientras eso ocurría, un grupo de investigadores se enfocó a localizar centros motrices, mientras que otro grupo, también en forma independiente, se enfocó a descubrir funciones psíquicas complejas. Por ejemplo, un grupo de investigadores siguió la localización motriz en 1861, Paul Broca localizó el área motriz que lleva su nombre y, en 1870, Gustave Fritsch e Eduard Hitzig establecieron los centros motores, donde se ubican las células descubiertas en 1874 por Vladimir Betz. En 1874, Karl Wernicke identificó el área de la afasia sensorial, aunque para 1900, Paul Emil Flechisg demostró la ausencia de fibras auditivas que apoyaban la localización de ese centro ("de las imágenes sensoriales"). Luego, en 1906, Marie P. definió a esta patología como una perturbación "simbólica" o intelectual general, donde el enfermo oye, pero no comprende, en forma parecida como Munk en 1881, lo hubiera hecho para el área cortical visual (ese fenómeno fue resuelto por Pávlov). Otro grupo de investigadores como Bastian en 1869 y Exner en 1881, localizaron respectivamente centros de "memoria visual" de la escritura, de los conceptos o de la ideación, en tanto que Donald Eric Broadbent en 1872 y en 1879, Charcot en 1887 y Grasset en 1907, describieron sus vínculos. En cambio, Gall, Flourense en 1842 y Goltz entre 1876 y 1881, intentaron fundamentar la teoría del equipotencialismo cerebral, junto con Lashley en 1929.

[26] Se debe a Bykov, alumno de Pávlov, el haber puesto al descubierto las relaciones funcionales córtico-viscerales. Gracias a esa contribución, junto con los avances tecnológicos que asisten a los mecanismos de realimentación biológica, es que en la actualidad se realiza con éxito el condicionamiento o

reaprendizaje de funciones viscerales perdidas.

[27] Sin duda que la atención tiene que ver con el reflejo de orientación. Para ampliar sobre estos temas, se recomienda al lector revisar las publicaciones de fin del siglo XX de Evgeny Nikolaevich Sokolov.

[28] Informe presentado en el Sexto Congreso Escandinavo de Neurología, en Copenhague, agosto 25 de 1932.

[29] Informe presentado por Pávlov en la reunión de psiquiatras, neurólogos y psiconeurólogos de Leningrado en diciembre de 1935. Publicado por primera vez, de acuerdo a la versión taquigráfica, en las *Obras Completas de Pávlov*, t. I, 1940. 394.

[30] Ibidem.

[31] Artículo redactado por Pávlov en 1934, y publicado en la *Gran Enciclopedia Médica Rusa*. T. XXXIII, PP.440-446.

[32] Ibidem.

[33] Idem.

[34] Idem.

[35] Informe presentado en francés, en la Sociedad de Psicología de París en 1925.

[36] El trabajo forma parte de las *Lecciones sobre el trabajo de los grandes hemisferios cerebrales;* fue dictado por Pávlov en la Academia Militar de Medicina en el año de 1924, y estaban destinadas a médicos y biólogos. Se publicaron en 1926, y fueron reeditadas sin cambio alguno en 1927 y 1937.

[37] Idem.

[38] El artículo citado se publicó por primera vez en el *Journal of Mental Science*, abril de 1934.

[39] Artículo publicado inicialmente en la revista *L´Encepale*, Tomo XXVII, N° 4, 1933.

[40] Comunicación en francés, pronunciada en diciembre de 1945.

[41] Artículo publicado en "Archives Internationales de Pharmacodynamie et de Therapie", en el tomo jubilar publicado en honor de E. Gley y J. F. Heymans, en 1930.

[42] Artículo elaborado con la Dra. Petrova. El Informe se presentó en el XIV Congreso Internacional de Fisiología, en Roma, el 2 de septiembre de 1932.

[43] Conferencia sobre los "Progresos recientes de las ciencias en relación con la Medicina y la cirugía", pronunciada en honor de Th. Huxley en la Charing-Cross Medical School de Londres, el 1 de octubre de 1906.

[44] El texto citado se publicó originalmente como parte del Tomo I de los Archivos Internacionales de Fisiología, 1904.

[45] Ibidem.

[46] Conferencia pronunciada por Pávlov, en Moscú, durante la reunión general del XII Congreso de Naturalistas y Médicos, el 28 de diciembre de 1909. Se

publicó en el libro *Diario del Congreso de Naturalistas y Médicos* en 1909.

[47] Ibidem.

[48] El artículo referido se publicó originalmente en el *Journal de Psychologie* XXXe. Annèe 1933, Números 9 y 10.

[49] Informe presentado en la Asamblea General del Segundo Congreso Neurológico Internacional, celebrado en Londres, el 30 de junio de 1935.

[50] Artículo publicado en 1936.

[51] Informe leído en alemán, el 3 de septiembre de 1931, en Berna, en el Primer Congreso Internacional de Neurología.

[52] Conferencia pronunciada el 10 de mayo de 1934 en el Instituto para perfeccionamiento médico, en Leningrado.

[53] Discurso pronunciado por Pávlov en Madrid en una sesión del Congreso Internacional de Medicina celebrada en abril de 1903 (Descrito por Cajal en su autobiografía).

[54] Artículo aparecido en alemán en "Skandin Archiv F. Physiol".

[55] Trabajos fisiológicos de los laboratorios del Académico I.P.Pávlov. Tomo IV. 1932.

[56] Informe publicado en The Bullettin of the Battle Creek Sanitarium and Hospital Clinik, 1932.

[57] Informe de Pávlov presentado el 30 de julio de 1935 en la reunión general del II Congreso Internacional de Neurología de Londres. Publicado en el libro *Veinte años de experiencias en el campo de la actividad nerviosas superior,* 6ª ed, 1938.

[58] Último informe sobre fisiología y patología de la actividad nerviosa superior. "Comunicación III", 1935.